이상한 문장
그만 쓰는 법

**어휘, 좋은 표현,
문장 부호까지 한 번에**

이주윤 글·그림

이상한 문장
그만 쓰는 법

이사 날짜는 매도인에게 ~~에서~~ 과
상의하세요.

우리는 많은 순간~~들~~을 함께했지.

~~짧은~~ 단편 소설을 썼다.

나는 ~~너를~~ 믿었다.
~~그리고~~ 그만큼 내 친구도 믿었다.

퇴근 후 헬스장에 가는 것은
여간 어려운 일이다. 아니

~~귀여운~~ 친구의 강아지가
잠을 잔다.

BIG FISH

들어가는 글

문장 앞에서
자주 초라해지는
당신에게

식당에서 냉면을 먹다가 머리카락이 나왔습니다. 점원을 부르려는 친구를 만류하며 머리카락을 건져낸 후 냉면을 마저 먹었습니다. 가까운 사람에게 돈을 빌려줬는데 몇 달이 지나도록 갚는다는 얘기가 없습니다. 안 갚으면 어쩔 수 없다고 생각하며 잊기로 했습니다. 집을 매수하려고 공인 중개사님과 매물을 보러 갔습니다. 공인 중개사님은 "수리를 한 번도 안 했나 봐요" 하며 고개를 절레절레 저으셨지만 저는 이렇게 외쳤습니다. "이 정도면 궁궐이죠!" 보시다시피 저는 매사에 무던한 사람입니다. 그런데 이런 제가 딱 하나 참지 못하는 것이 있으니, 그건 바로 이상한 문장입니다.

저는 몹시도 내향적인 인간인지라 말보다는 글로 소통하

는 걸 선호합니다. 제 뜻을 정확하게 전달하려다 보니 문장을 바르게 쓰는 법에도 관심을 기울이게 되었지요. 이러한 관심사가 번지고 번진 결과, 사람들이 잘못 쓰는 문장에 눈이 가기 시작했습니다.

'어떤 일이 가장 활기 있고 왕성하게 일어나는 때'를 뜻하려면 '한참'이 아니라 '한창'이라고 써야 하는데. '그 식당은 다른 식당과 다르더라고요'라는 문장에서 같은 단어를 반복하는 대신 '그 집은 여느 식당과 다르더라고요'라고 하면 좋을 텐데. '나는 밥과 술을 마셨다'라고 쓰면 안 되는데! '나는 밥과 술을 먹었다'라고 쓰든지 '나는 밥을 먹고 술을 마셨다'라고 써야 한단 말이야!

이상한 문장을 쓰는 사람을 탓할 생각은 추호도 없습니다. 습관처럼 써온 말을 별다른 의심 없이 문장으로 옮기는 것일 테니까요. 그저, 알려주고 싶었습니다. 우리는 평생 한국어를 써왔기에 조금만 관심을 기울이면 바른 문장을 써낼 수 있다는 사실을 말입니다. 이다지도 자신 있게 말씀드릴 수 있는 이유는 제가 그러한 과정을 거쳐왔기 때문입니다.

제 전공은 글과는 아무런 관련이 없습니다. 하지만 내가 쓴 문장이 잘못되지는 않았는지 의심하고, 잘 쓰인 문장을 분석하다 보니 어디 가서 글 못 쓴다는 소리를 듣지는 않게 되더라고요. 저와 같은 출발선에 서 계실 분들에게 도움이 되었으면 하는 마음에서 이 책을 집필했답니다.

'안 그래도 바쁜 세상, 문장을 바르게 쓰는 법까지 공부해야 할까? 의사소통에 지장만 없으면 되는 거 아닌가?'라고 생각하는 분이 계실 수도 있을 텐데요. 여러분의 말씀에 전적으로 동의합니다. 다만, 더 나은 문장을 쓰면 더 나은 삶을 살아가는 데 도움이 된다고 저는 믿습니다. 형체 없이 둥둥 떠다니는 생각을 종이 위에 부려놓으면 그 실체를 눈으로 확인할 수 있겠지요. 붙잡아둘 것은 붙잡아두고, 버릴 것은 버리고 나면 머릿속이 한결 말끔해질 테고요. 일종의 명상이라고 할까요? 이때 주의해야 할 것은, 바른 문장을 써야 한다는 점입니다. 엉망인 문장을 읽으면 머릿속이 오히려 어지러워질 테니까요.

더불어, 바른 문장을 쓸 줄 알면 나에게 손가락질하는 세상을 향해 당당하게 반박할 수도 있습니다. 온갖 매체에서 요즘 사람들의 문해력을 문제 삼곤 하는데요. 제 생각에는 이상하게 쓰인 글이 더욱더 문제라고 봅니다. 어려운 한자어나 자기들끼리만 아는 전문 용어를 남발한다든지, 숨 쉴 틈 없는 긴 문장을 줄줄이 써놓고서는 이것도 이해하지 못하냐며 혀를 끌끌 차는 것이지요. 그야말로 똥 묻은 개가 겨 묻은 개 나무라는 셈입니다. 똥 묻은 개에게 지지 않으려면 그들이 쓴 이상한 글을 분별할 줄 알아야 합니다. 분별력은 제대로 된 문장을 쓸 줄 아는 것에서부터 차차 키워질 테고요.

 문장 공부는 딱딱하고 지루할 거라는 편견은 내려놓으셔도 좋습니다. 제 입으로 이런 말씀 드리기가 다소 민망하지만 쉽고 재미있게 설명하는 게 저의 주특기거든요. 흥미진진한 에피소드 속에 문장 지식을 녹여두었으니 편안한 마음으로 즐겨보세요. 기초부터 고급 레벨까지 연습 문제를 풀어가며 문장력을 차근차근 점검해 보고 싶은 분, 내 문장이 잘못된 것 같진 않은데 잘 쓴 글 앞에서는 자꾸만 초라해지는 분, 문장을 바르게 쓰는 법을 공부해 보고 싶은데 어디서부터 어떻게 시작해야 할지 감이 안 오는 분, 모두 환영합니다. 특히 똥 묻은 개, 대환영입니다!

차례

들어가는 글 문장 앞에서 자주 초라해지는 당신에게　　　　　　　　　4

1부. 글맛을 살리는 어휘 기술

초급 편 | 어휘 감각을 깨우는 기술

문장의 조수 '조사' 13 | 조사가 조사인지 조사하면 다 나와! 21 | 덜어낼수록 좋은 '을(를)' 28 | 안 해. 아니, 못 해! 33 | 읽는 이를 들들 볶는 '들' 39 | 거기가 어딘데 45 | 오징어 다리 구 개 51 | 이 단어가 틀렸다고? 58 | 이 단어가 다르다고? 69

중급 편 | 정확한 어휘 활용 기술

것이었던 것이었던 것이다 78 | 나의 삶의 목표는 원영적 사고 84 | 기댈 곳이 필요한 '의존 명사' 90 | 두 얼굴의 '만큼·대로·뿐' 96 | 글맛을 살리는 단위 102 | 거시기가 참말로 서울말이라고? 110 | 준말 사용은 국룰 117 | 김 부장 걔는 말이야 125

고급 편 | 성숙한 언어 감각 기술

아버지가방에들어가시다 134 | 살색이 도대체 무슨 색이야? 144 | 중학교 2학년 수준 152 | 저는 쥐쥬래갠을 좋아해요 160

2부. 생각을 펼치는 문장 기술

초급 편 | 엉킨 문장을 정리하는 기술

아니~ 뭐가 틀렸다는 거야??? 169 | 문장의 뼈 178 | 꾸미고 또 꾸미다 보면 각설이 신세 185 | 문장도 주정을 부린다고? 191 | 말하듯이 쓰라고 해서 썼더니 198 | 잘못된 만남으로 익히는 단문의 힘 205 | 문장과 문장을 이을 때는 'dovetail' 방식으로 212

중급 편 | 정교한 문장을 쓰는 기술

Full HD급 문장 만들기 218 | 쿵짝이 맞아야 통하는 법 225 | 장거리 연애 금지 234 | 천생연분을 알아보는 눈 241 | '우후죽순'은 언제 적 말일까? 250

고급 편 | 독자를 사로잡는 글쓰기 기술

"성실해라"라는 잔소리가 먹히지 않는 이유 258 | '있다'를 공부하고 있는데에 266 | 영어보다 백배 쉬운 우리말 시제 273 | 문장이 잘못 쓰여졌네? 280 | 우리말을 밋밋하게 만드는 번역체 삼총사 287 | 여기까지 공부했으면 거의 다 하신 거야 294 | 그녀가 책의 마지막 페이지를 넘겼다 301

1부.
글맛을 살리는 어휘 기술

맛있는 음식 앞에서 숟가락을 내려놓기가 어려운 것처럼 글맛이 살아 있는 글을 읽을 때는 페이지가 절로 넘어갑니다. 손맛처럼 글맛도 타고난 사람만이 낼 수 있는 것 아니냐고요? 그런 걱정일랑 붙들어 매세요. 바른 어휘를 적재적소에 부릴 줄 안다면 맛깔나는 글을 쓸 수 있거든요. 이번 장에서 내 글에 꼭 맞는 어휘를 선별하는 법과 거슬리는 어휘를 거둬내는 기술을 익혀보세요. "그래, 이 맛이야!" 탄성이 절로 터져 나오는 조미료 같은 어휘까지 담아두었으니 기대하시라, 개봉박두!

초급 편

어휘 감각을 깨우는 기술

문장의 조수 '조사'

✕	○
나는 너에 목소리가 좋아.	나는 너의 목소리가 좋아.
미국에게 협조를 요청했다.	미국에 협조를 요청했다.
이사 날짜는 매도인에게 상의하세요.	이사 날짜는 매도인과 상의하세요.

"여러분 저 문장 공부하려고 이 책 펼치셨습니다." 문장을 공부하는 책의 첫 문장치고 몹시 이상하다는 생각이 든다면, 그리하여 아무래도 책을 환불해야겠다는 생각이 든다면, 잠깐만요! 제가 한번 제대로 고쳐보겠습니다! 앞선 문장을 이렇게 수정하면 자연스럽게 느껴지려나요? "여러분은 저와 문장을 공부하려고 이 책을 펼치셨습니다."

첫 문장이 어색하게 느껴진 이유는 조사를 삭제했기 때문인데요. 문법 용어가 나왔다고 해서 겁먹을 필요는 없습니다. 단어를 가만히 들여다보면 어째서 그런 이름을 지니게 되었는지 훤히 보이거든요. 조사는 도울 조(助), 말 사(詞) 자를 쓰는 한자어입니다. 어떠한 단어 뒤에 딱 붙어서 뜻이 잘 나타나게 도와주거나, 앞선 단어와 이어지는 단어의 관계를 보여주지요. 쉽게 말해 조수 역할을 한다고 보면 되겠습니다.

평생에 걸쳐 한국어를 써온 우리는 조사를 이미 자연스럽게 사용하고 있습니다. 물론, 알게 모르게 실수하는 경우도 많지만 틀리게 쓴다고 해서 큰일이 나지는 않습니다. 하지만 조수가 제 역할을 해야 일의 완성도가 높아지듯, 조사를 바르게 써야 문장의 수준이 높아지겠지요? 처음부터 욕심내면 지칠 수 있으니 여기서는 우리가 자주 실수하는 세 가지만 가볍게 짚고 넘어가 봅시다.

① 에 / 의

조사 '의'는 [ㅢ]로 발음하는 것이 원칙이지만 [ㅔ]라고 말해도 괜찮습니다. 문제는 소리 나는 대로 쓰다 보니 '의'가 들어가야 할 자리에 '에'를 쓰는 경우가 많다는 점입니다. '나는 너의 목소리가 좋아'라는 문장에서 밑줄 친 부분을 [너에]라고 발음하다 보니 표기마저 '너에'라고 해버리는 실수를 저지르는 것이지요. 어떨 때 '에'를 쓰고 또 어떨 때 '의'를 쓰는 것이냐 물으신다면, 그 뒤에 어떤 단어가 오는지 살펴보라고 말씀드리겠습니다.

- 주말이면 북악산에 간다.
- 우리 저녁에 만나자.
- 광화문에 살아요.

위 예문에서 파랗게 표시한 부분을 눈여겨보세요. '에' 뒤에 '가다·만나다·살다'와 같은 단어가 왔지요? 이처럼 '에' 뒤에는 움직임이나 상태를 서술하는 말(동사, 형용사)이 옵니다. 반면, '의' 뒤에는 사람이나 사물의 이름을 나타내는 말(주로 명사)이 오지요. 다음 예문에서 '의' 뒤에 '목소리·바다·행복'과 같은 단어가 놓였듯 말입니다.

- 너의 목소리가 좋아.
- 제주의 바다는 아름다워.
- 우리의 행복한 미래를 위해.

그럼에도 '에'와 '의'가 헷갈리는 분에게 편법을 알려드리겠습니다. 일단은 모조리 '의'로 쓴 다음, 소리 내서 천천히 읽어보세요. 그리고 어색한 부분을 '에'로 고쳐 쓰면 얼추 맞는답니다. '저는 광화문의 살아요. 그래서 주말이면 북악산의 가곤 해요. 제주의 바다도 좋아해서 여름마다 방문해요.' 첫 번째 문장과 두 번째 문장이 아무래도 어색하지요? 그러니까 그것들을 '에'로 바꿔주면 된다는 말씀!

② 에 / 에게

'미국에 협조를 요청했다'와 '미국에게 협조를 요청했다' 중 어느 쪽이 바른 문장인지 맞혀보세요. 둘 다 바른 문장으로 보인다면 다른 예시를 들어드리겠습니다. '시계에 건전지를 넣었다'와 '시계에게 건전지를 넣었다'는 어떠세요? 이제 뭔가 잘못됐다는 느낌이 오시나요? 이처럼 '에'와 '에게'는 쓰임이 다르답니다.

- 미국에 협조를 요청했다.
- 시계에 건전지를 넣었다.
- 꽃에 물을 줬다.

'에' 앞에는 감정을 표현할 수 없는 무생물과 식물이 옵니다. '미국·시계·꽃'처럼 말입니다. 반면 '에게' 앞에는 감정을 표현할 수 있는 사람이나 동물이 오지요. '친구·강아지·아버지'처럼 말이지요.

- 친구에게 선물해야 해.
- 강아지에게 간식을 줬어.
- 아버지에게 전화를 드렸다.

하지만 '에'와 '에게'를 혼동하여 사용해 온 세월이 길다 보니 일상에 적용하기가 만만치 않을 거라는 생각이 드는데요. 그럴 때는 편지를 쓸 때 어떻게 시작하는지 떠올려 보세요. 우리는 편지의 첫 문장을 '은우에게'라고 쓰지, '은우에'라고 쓰지는 않습니다. 이처럼 '에게' 앞에는 사람이 오니까 '에' 앞에는 그 반대의 것이 온다고 생각한다면 쉽게 기억할 수 있겠지요?

③ **와(과) / 에게**

살다 보면 서로 머리를 맞대고 의견을 주고받아야 하는 일이 많습니다. 상의하고, 인터뷰하거나, 면담해야 하는 상황에서 어느 한쪽이 일방적으로 밀어붙이면 불만이 생기기 마련일 텐데요. 이러한 이유에서 아래의 예문은 바람직하지 않답니다.

- 이사 날짜는 매도인에게 상의하세요.
- 이 글은 배우에게 인터뷰한 내용을 바탕으로 썼다.
- 진로 문제는 선생님에게 면담하세요.

'에게' 앞에 사람이 오니 맞는 것처럼 보이지만, 이는 대화하고 조율한다는 의도를 충분히 전달하지 못합니다. 상대방에게 의견을 일방적으로 전달하는 느낌을 줄 뿐이지요. 이때 '에게'가 아닌 '와(과)'를 사용하면 서로 대등하게 의견을 주고

받는 분위기가 조성됩니다. 앞선 예문과 다음 예문을 번갈아 읽으며 그 차이를 느껴 보세요.

→ 이사 날짜는 매도인과 상의하세요.
→ 이 글은 배우와 인터뷰한 내용을 바탕으로 썼다.
→ 진로 문제는 선생님과 면담하세요.

자, 이제 여러분은 똘똘한 조수 세 명을 획득하셨습니다. 하지만 안심하기엔 이릅니다. 이어지는 원칙 정리와 연습 문제를 꼼꼼히 살펴보며 조수들과 종신 계약을 맺어보세요.

원칙 정리

- '에' 뒤에는 움직임이나 상태를 서술하는 말이, '의' 뒤에는 이름을 나타내는 말이 온다.
- '에' 앞에는 무생물과 식물이, '에게' 앞에는 사람이나 동물이 온다.
- 상의, 인터뷰, 면담처럼 서로 대등하게 의견을 주고받을 때는 '에게'가 아닌 '와(과)'를 쓴다.

연습 문제

- 오빠에 방은 엉망진창이었다.

    →

- 우리나라가 프랑스에게 4:0으로 이겼어!

    →

- 결혼식 날짜는 여자 친구에게 상의해 볼게요.

    →

정답 오빠의 방은 엉망진창이었다. | 우리나라가 프랑스에 4:0으로 이겼어! | 결혼식 날짜는 여자 친구와 상의해 볼게요.

조사가 조사인지
조사하면 다 나와!

✕	○
소 같이 일만 했다.	소같이 일만 했다.
너 마저 나를 떠나는구나.	너마저 나를 떠나는구나.
그가 나 더러 누구냐고 물었다.	그가 나더러 누구냐고 물었다.

언젠가, 담당 편집자가 교정지를 건네며 말했습니다. 군데군데 수정한 부분이 있으니 확인해 달라고 말이지요. 교정지를 찬찬히 훑던 저의 눈이 "어쩌고저쩌고했습니다 그려"라는 문장에서 멈췄습니다. 분명 "어쩌고저쩌고했습니다그려"라고 붙여 써놓았었는데 띄어쓰기가 되어 있었기 때문입니다. 그래서 도로 붙여달라는 의미로 '했습니다'와 '그려' 사이에 붙임표를 그려두었답니다.

부호	이름	표시 방법
∨	띄움표	했습니다∨그려
⌒	붙임표	했습니다 ⌒그려

편집자는 '문장의 각 단어는 띄어 씀을 원칙으로 한다'는 띄어쓰기 조항을 철저하게 지켰습니다. 다만 '조사는 그 앞말에 붙여 쓴다'는 조항을 간과했지요. 대부분의 사람이 '그려'를 '그래'의 방언으로 알고 있습니다만, 여기에서의 '그려'는 문장의 내용을 강조하는 '조사'로 쓰였습니다. 조사는 조수니까 앞말에 딱 붙여 써야 함은 물론이겠고요.

조사는 '은·는·이·가'처럼 한 글자인 것도 있지만 '그려'처럼 두 글자 이상인 것도 있답니다. 예를 들자면 '같이·마저·더러'가 그렇지요. 심지어 이 단어들은 문장의 조수 역할에 만족하지 않고, 어떠한 단어 앞에 놓여 동작이나 상태를 더욱 자세하게 설명해 주기도 합니다. 쉽게 말해, 부가적인 의미를 더한다고 할 수 있는데요. 이러한 경우에는 띄어 쓰는 것이 원칙이랍니다. 어떨 때는 띄어 쓰고, 또 어떨 때는 붙여 써야 하니 여간 헷갈리는 것이 아닙니다. 하지만 너무 걱정하지 마세요. 조사가 조사인지 조사하면 다 나오거든요.

각 단어가 지닌 의미를 설명하는 일로 지면을 낭비하지는 않겠습니다. 한국에서 나고 자란 우리는 느낌으로 이미 알고 있으니까요. 대신, 띄어 쓰는지 붙여 쓰는지에 집중해 봅시다. 앞서, 조사는 앞말에 조수처럼 딱 붙여 쓴다고 말씀드렸지요? 그래서 위치를 이동할 수 없습니다. 반면, 문장에 부가적인 의미를 더하는 역할을 한다면 위치를 이동해도 괜찮겠지요. 문장에 덧붙은 단어에 불과하니까요.

① **같이**

다음 예문을 보시면, '같이'의 위치를 이리저리 옮겨도 문장이 어색해지지 않습니다. '같이'가 문장에 덧붙어 부가적인 의미를 더하고 있기 때문입니다. 그렇다면 당연히 띄어쓰기도 가능하겠네요.

- 나는 주말마다 친구랑 같이 산에 가. (○)
- 나는 주말마다 친구랑 산에 같이 가. (○)

반면, 다음 예문에서 '같이'의 위치를 옮겼더니 이상한 문장이 되어버렸습니다. 이번에는 조수 역할을 하는 '같이'가 근무지를 이탈했기 때문입니다. 조수가 도망가지 못하도록 앞말에 꼭 붙여 써주세요.

- 소같이 일만 했다. (○)
- 소 일만같이 했다. (×)

② **마저**

이번 예문도 마찬가지입니다. '마저'의 위치를 이리저리 옮겨도 문장이 어색하지 않지요. '마저'가 문장에 덧붙어 부가적인 의미를 더하고 있으니까요. 그러니까 띄어쓰기는 어떻다? 가능하다!

- 유리잔에 마저 물을 따랐다. (○)
- 유리잔에 물을 마저 따랐다. (○)

반면, 다음 예문에서 '마저'의 위치를 옮겼더니 이상한 문장이 되어버렸습니다. 제가 뭐랬습니까. 조수 역할을 하는 '마저'가 근무지를 이탈하지 않도록 앞말에 꼭 붙여 쓰라고 말씀드렸지요?

- 너마저 나를 떠나는구나. (○)
- 너 나를마저 떠나는구나. (×)

③ **더러**

이번에는, 다음 문장에서 '더러'가 어떠한 역할을 하는지 여러분이 직접 생각해 보세요.

- 부장님은 더러 마주쳤지만 대표님은 뵌 적 없다. (○)
- 더러 부장님은 마주쳤지만 대표님은 뵌 적 없다. (○)

'더러'가 위치를 이리저리 옮겨도 문장이 어색하지 않네? 그렇다면 문장에 덧붙어 부가적인 의미를 더하고 있다는 얘기네? 그러니까 띄어쓰기도 가능하다 이 말이지? 이렇게 생각하셨다면 성공입니다. 여기까지 이해하셨다면 다음 문장 역시 분석하실 수 있으리라 믿어 의심치 않습니다.

- 그가 나더러 누구냐고 물었다. (○)
- 그가 나 누구냐고더러 물었다. (×)

'더러'의 위치를 옮겼더니 이상한 문장이 되어버렸네? 조수 역할을 하는 '더러'가 근무지를 이탈해서 이런 상황이 벌어졌구나! 그러니까 앞말에 꼭 붙여 쓰라 이 말이지? 이렇게 생각하셨다면 하산하셔도 좋겠습니다.

가시는 길에 염려가 되어 한 말씀만 덧붙이자면 '같이'가 '무엇무엇과 다름이 없이'라는 부가적인 의미를 더할 때는 이 원칙이 적용되지 않는답니다. 그러니 너무 기계적으로 적용하기보다는 내가 쓴 문장을 의심해 가며 사전도 살펴보면 좋겠습니다그려.

원칙 정리

- '같이·마저·더러'의 위치를 옮겨도 문장이 자연스럽다면 띄어 써도 괜찮고, 그렇지 않다면 붙여 써야 한다.

연습 문제

- 손이 얼음장 같이 차가워. (ㅇ / ×)
- 마지막 남은 기대 마저 사라졌다. (ㅇ / ×)
- 언니가 나 더러 방을 치우라고 했어. (ㅇ / ×)

정답 × | × | ×

덜어낼수록 좋은 '을(를)'

✕	○
아버지는 택시를 운전을 하신다.	아버지는 택시를 운전하신다.
우리 애는 가만히를 있지 못해요.	우리 애는 가만히 있지 못해요.
거래처에서 사과를 한 박스를 주셨다.	거래처에서 사과 한 박스를 주셨다.
	거래처에서 사과를 한 박스 주셨다.

상대방이 "나는 받았어"라고 말하면 무엇을 받았는지 궁금해집니다. 눈총을 받았을 수도 있고 편지를 받았을 수도 있으니까요. 상대방이 "나는 사랑해"라고 말해도 누구를 사랑하는지 궁금해집니다. 아이돌을 사랑할 수도 있고 강아지를 사랑할 수도 있을 테니까요. 이처럼 문장에서 '무엇을'이나 '누구를'에

해당하는 말에는 '을(를)'이 따라붙습니다.

그런데 많은 사람이 아무 곳에나 '을(를)'을 붙이는 실수를 저지르곤 합니다. 조수 역할을 하는 조사이기에 실수하더라도 의미를 추측하는 데 지장은 없지만, 명확한 문장을 쓰고 싶다면 바르게 사용하는 연습을 해야겠지요? 몇 가지만 유념하면 어렵지 않게 익힐 수 있으니 차근차근 따라와 보세요.

① 움직임과 관계된 말에 '을(를)'을 붙이지 마세요

'아버지는 택시를 운전을 하신다'라는 문장에서 '무엇을'을 나타내는 단어는 '택시'입니다. '무엇을'에 해당하는 단어에는 '을(를)'이 따라붙는다고 했으니 '택시를' 까지는 별다른 문제가 없지요.

하지만 '운전을 하신다'는 움직임과 관계된 단어입니다. 그러니까 '을(를)'을 붙일 필요 없이 그저 '운전하신다'라고만 써도 충분하다는 이야기입니다. 그렇다면 '설치를 한다·요리를 한다·촬영을 한다'와 같은 말들도 더욱 명료하게 수정할 수 있겠지요?

- 휴대폰에 앱을 설치를 한다. → 휴대폰에 앱을 설치한다.
- 남편이 음식을 요리를 한다. → 남편이 음식을 요리한다.

- 친구가 사진을 촬영을 한다. → 친구가 사진을 촬영한다.

② **동작이나 상태를 꾸며주는 말에도 '을(를)'을 붙이지 마세요**

앞서 슬쩍 언급한 내용을 기억하고 계시려나요? 어떠한 단어 앞에 놓여 동작이나 상태를 더욱 자세하게 설명해 주는 말이 있습니다. 이를 '부사'라고 하는데요. '가만히·열심히·확실히' 등이 있습니다. 이 단어들은 꾸미는 역할을 할 뿐 '무엇을'이나 '누구를'과는 관련이 없습니다. 그럼에도 '을(를)'을 붙이는 경우가 허다하지요.

- 우리 애는 가만히를 있지 못해요. → 우리 애는 가만히 있지 못해요.
- 우리 한번 열심히를 해보자. → 우리 한번 열심히 해보자.
- 일을 확실히를 해야 하는데. → 일을 확실히 해야 하는데.

일상에서 수다를 떨다 보면 저도 모르게 이런 말투를 구사하곤 하는데요. 말하고자 하는 바를 강하게 전달하려다 보니 불필요한 토씨를 달게 되는 건 아닐까 싶습니다. 우리 모두 말맛을 살리려는 욕심과 함께 '을(를)'을 내려놓도록 합시다.

③ 한 문장에 '무엇을'이 두 번 등장한다면 '을(를)' 하나를 생략해 보세요

'거래처에서 사과를 한 박스를 주셨다'는 문장에는 '무엇을'이 두 번 등장합니다. 첫 번째 무엇은 '사과'요, 두 번째 무엇은 사과의 수량을 구체적으로 설명하는 '한 박스'이지요. 이러한 문장을 문법적으로 틀렸다고 할 순 없지만 '을(를)'이 연달아 놓여 있기에 아무래도 매끄럽게 읽히지 않습니다. 이럴 때는 앞의 것이든 뒤의 것이든 좋으니 한쪽을 삭제해 보세요. 문장이 한결 자연스러워질 테니까요.

→ 거래처에서 사과 한 박스를 주셨다.
→ 거래처에서 사과를 한 박스 주셨다.

원고를 다시 한번 읽어보니 '을(를)'을 덜어내라는 이야기를 반복하고 있네요. 지나친 것은 모자란 것만 못하니. 삶이든 문장이든 과유불급이 진리인 모양입니다.

원칙 정리

- '무엇을'이나 '누구를'에 해당하는 말에만 '을(를)'을 붙여야 한다.

연습 문제

- 주말마다 이불을 세탁을 한다.

    →

- 그렇게 느릿느릿 걸으면 빨리를 가지 못해.

    →

- 독서광 친구에게 책을 열 권을 선물했다.

    →

정답 주말마다 이불을 세탁한다. | 그렇게 느릿느릿 걸으면 빨리 가지 못해. | 독서광 친구에게 책 열 권을 선물했다. · 독서광 친구에게 책을 열 권 선물했다.

안 해. 아니, 못 해!

✗	○
지금 이대로가 좋아서 결혼을 못 했어요.	지금 이대로가 좋아서 결혼을 안 했어요.
결혼을 원하지만 애인이 없어서 안 해요.	결혼을 원하지만 애인이 없어서 못 해요.

오랫동안 만나온 남자가 있었습니다. 그는 저를 즐겁게 해주는 고마운 사람이었습니다. 우리는 언젠가 결혼하게 될 거라 생각했지요. 하지만 연인으로 지내는 나날이 충분히 만족스러웠기에 결혼을 굳이 서두르지 않았습니다. 때가 되면 하겠거니, 하는 마음이었달까요? 이따금 누군가가 결혼은 했냐고 물어오면 "안 했다"고 대답했답니다.

그런데 얼마 전, 충격적인 사실을 알게 되었습니다. 그는 저 아닌 다른 사람도 즐겁게 해주고 있었더군요. 그것도 저를 만나온 시간 내내 말입니다. 저는 결국 그에게 이별을 고했습니다. 장기 연애가 끝나고 나면 새로운 사람을 만나 금세 결혼하는 경우도 있다는데, 도대체 새로운 사람은 어디에 숨어 있는 걸까요? 이제는 누군가가 결혼은 했냐고 물어오면 "못 했다"고 대답한답니다.

결혼은 했냐는 똑같은 물음이건만, 저의 대답이 "안 했다"에서 "못 했다"로 달라진 이유는 무엇일까요? 문장에서 내용을 부정할 때는 '안' 또는 '못'을 사용하는데, 상황에 따라 쓰임이 다르기 때문입니다. 그런데 두 쪽 모두, 어떠한 행위가 이루어지지 않았다는 결과는 동일하기에 혼용하는 경우가 많지요. 하지만 결혼을 '안 한 것'과 '못 한 것'에는 엄연한 차이가 있듯, '안'과 '못' 자체에도 극명한 차이가 있을 테니 잘 구별해서 사용해야겠지요?

① **안 부정문**

과거의 저에게는 결혼할 상대가 있었습니다. 하지만 저의 선택으로, 부부가 아닌 연인 상태를 유지했지요. 이처럼, 단순한 부정이나 주체의 의도 때문에 그 행위가 일어나지 않을 때는 '안'을 사용합니다. 쉽게 말해, 일부러 안 한다는 이야기입니다. 그러니까 '지금 이대로가 좋아서 결혼을 안 했어요'라는 문장이 옳겠지요?

- 친구와 놀고 싶어서 운동을 안 갔다.
- 취한 내 모습이 싫어서 술을 안 마신다.
- 설거지가 귀찮아서 요리를 안 한다.

이 문장들도 마찬가지입니다. 친구와 놀고 싶어서, 취한 내 모습이 싫어서, 설거지가 귀찮아서, 어떠한 행위를 일부러 하지 않았지요.

② **못 부정문**

현재의 저에게는 결혼할 상대가 없습니다. 이제는 결혼하고 싶어도 도무지 할 수 없는 상황이 되어버린 것이지요. 이처럼, 주체의 무능력이나 외부의 원인 때문에 그 행위가 일어나지 못할 때는 '못'을 사용합니다. 쉽게 말해, 어쩔 수 없이 못 한다는 이야기입니다. 그러니까 '결혼을 원하지만 애인이 없어서 못 했어요'라는 문장이 옳겠지요?

- 다리를 다쳐서 운동을 못 갔다.
- 약을 먹는 중이라서 술을 못 마신다.
- 호텔은 취사 금지라서 요리를 못 한다.

어떠한 행위가 이루어지지 않았다는 결과는 '안'을 썼을 때와 동일합니다. 하지만 그 원인은 사뭇 다르지요. 다리를 다쳐서, 약을 먹는 중이라서, 호텔은 취사 금지라서, 어쩔 수 없이 하지 못했으니까요.

③ **더 나은 글을 위한 팁**

가만히 생각해 보니, 그는 저와 있을 때 휴대폰을 꺼내놓지 않았습니다. 저의 메시지에 답장을 빠르게 보내지도 않았습니다. 부끄럽다는 이유로 함께 찍은 사진을 SNS에 올리지 못하게 하기도 했네요. 저는 어째서 이 많은 힌트를 알아채지 못했을까요. 마음 같아서는 그의 만행을 여기저기에 폭로하고 싶지만 그리하지는 않으렵니다. 왜냐하면 저는 교양 있는 사람이니까요.

- 휴대폰을 안 꺼내놓았다. → 휴대폰을 꺼내놓지 않았다.
- 답장을 빠르게 안 보냈다. → 답장을 빠르게 보내지 않았다.
- 사진을 못 올리게 했다. → 사진을 올리지 못하게 했다.
- 힌트를 못 알아채다. → 힌트를 알아채지 못하다.

이처럼 '안'을 '-지 않다'로, '못'을 '-지 못하다'로 살짝만 바꾸어 쓰면 문장 수준이 한결 높아진답니다.

그와 함께한 세월을 후회하지 않습니다. 언젠가 한 번쯤은 겪을 일을 경험한 거라고 생각하니 후련하기도 합니다. 심지어는 고맙다는 생각도 듭니다. 덕분에 저는 인생 공부를, 여러분은 문장 공부를 할 수 있었으니까요.

원칙 정리

- '안'은 일부러 안 할 때, '못'은 어쩔 수 없이 못 할 때 쓴다.

연습 문제

- 저는 운전면허가 없어서 차를 안 끌어요.

    →

- 그의 질문이 너무 무례해서 대답을 못 했다.

    →

- 난 갑각류 알레르기가 있어서 새우를 안 먹어.

    →

정답 저는 운전면허가 없어서 차를 못 끌어요. · 저는 운전면허가 없어서 차를 끌지 못해요. | 그의 질문이 너무 무례해서 대답을 안 했다. · 그의 질문이 너무 무례해서 대답을 하지 않았다. | 난 갑각류 알레르기가 있어서 새우를 못 먹어. · 난 갑각류 알레르기가 있어서 새우를 먹지 못해.

읽는 이를 들들 볶는 '들'

✗	○
그녀를 향한 사랑들이 사그라들었다.	그녀를 향한 사랑이 사그라들었다.
우리는 많은 순간들을 함께했지.	우리는 많은 순간을 함께했지.
길가에 가로등들이 나란히 서 있었다.	길가에 가로등이 나란히 서 있었다.

미국 시트콤 〈프렌즈〉를 좋아합니다. 뉴욕 맨해튼에 사는 여섯 명의 남녀가 친구로, 때로는 연인으로 지내며 우정과 사랑을 나누는 이야기지요. 골백번도 더 본 오프닝이지만, 경쾌한 음악과 함께 'FRIENDS'라는 글씨가 화면에 떠오르면 어김없이 가슴이 설렙니다. 그런데 혹시, 시트콤 제목이 'FRIEND'가 아닌 'FRIENDS'인 이유를 알고 계실까요?

설마 그걸 모르겠냐며, 영어 단어 끝에 '-s'를 붙이면 복수가 되는 거 아니냐며, 친구가 여섯 명이면 단수가 아닌 복수니까 'FRIENDS'라고 해야 하지 않겠냐며, 지식을 뽐내는 목소리가 들려오는 듯한데요. 맞습니다. 지혜로우시군요! 그런데 혹시, 우리말에도 이와 같은 역할을 하는 단어가 있다는 사실 또한 알고 있으신가요?

셀 수 있는 단어 끝에 '-들'을 붙이면 복수의 뜻이 더해집니다. 예를 들어 '갑자기 웬 사람이 나타났다'고 말하면 한 명을 뜻하지만, '갑자기 웬 사람들이 나타났다'고 말하면 사람이 둘 이상이라는 이야기지요. '-s'를 앞선 단어에 꼭 붙여 쓰듯 '-들' 역시 띄어 쓰지 않습니다. 지금 나를 무시하는 거냐며, 한국 사람이 그걸 모르겠냐며, 조금 더 수준 높은 지식을 알려줄 수는 없겠냐며, 항의하는 목소리가 들려오는 듯한데요. 워워, 진정하시고 이어지는 글을 읽어보세요.

영어는 매정하다 싶을 정도로 문법에 엄격합니다. 복수를 나타내는 단어 끝에 '-s'를 붙이지 않으면 틀린 문장이 되어버리지요. 하지만 우리말은 다릅니다. 문맥에 따라 '-들'을 생략하는 편이 더욱 자연스럽거든요. 단어들이 지닌 복수의 의미들을 명확하게 나타내겠다고 '-들'들을 남용하면 글을 읽는 사람들을 들들 볶는 꼴이 되어버립니다. 어때요. 스트레스받으시죠? 그렇다면 어떨 때 '-들'을 생략해야 하는지 살펴볼까요?

① 셀 수 없는 단어에 '-들'을 붙이지 마세요

앞서 말씀드렸지요. '-들'은 셀 수 있는 단어 끝에 붙어 복수의 뜻을 더한다고 말입니다. 세려야 셀 수 없는 '사랑·운명·먼지·공기·가루' 따위의 단어는 아무래도 '-들'과 상극입니다.

- 그녀를 향한 사랑들이 사그라들었다. → 그녀를 향한 사랑이 사그라들었다.
- 창틀에 먼지들이 쌓였어. → 창틀에 먼지가 쌓였어.
- 바닥에 흘린 과자 가루들을 치워. → 바닥에 흘린 과자 가루

를 치워.

② **복수를 나타내는 말이 이미 쓰였다면 '-들'을 생략하세요**

좋은 글은 중언부언하지 않습니다. 내용도 내용이지만, 문장 자체에서도 이미 뜻한 바를 되풀이하는 일은 피하는 것이 좋겠지요. 그러니 '많은·여러·모든·숱한·대다수'처럼 복수의 의미를 지닌 단어를 사용했다면 '-들'은 생략해도 괜찮습니다.

- 우리는 많은 순간들을 함께했지. → 우리는 많은 순간을 함께했지.
- 그가 준 모든 선물들을 버렸어. → 그가 준 모든 선물을 버렸어.
- 숱한 사연들이 가슴에 쌓였습니다. → 숱한 사연이 가슴에 쌓였습니다.

③ **복수임을 미루어 짐작할 수 있는 말이 있을 때도 '-들'을 생략하세요**

'나란히·차곡차곡·따닥따닥'은 무언가가 여러 개 있어야 쓸 수 있는 말입니다. '즐비하다·뒤섞이다·늘어서다'도 마찬가지이지요. 이와 같이 단어 자체가 여럿을 나타내지는 않지만, 복수임을 미루어 짐작할 수 있다면 굳이 '-들'을 쓸 필요가 없겠지요?

- 길가에 가로등들이 나란히 서 있었다. → 길가에 가로등이 나란히 서 있었다.
- 물건들을 상자에 차곡차곡 넣었다. → 물건을 상자에 차곡차곡 넣었다.
- 길가에 상가들이 즐비했다. → 길가에 상가가 즐비했다.

이 밖에도 '-들'을 생략해야 하는 경우가 몇 가지 더 있기는 한데요. 여기까지만 알아두셔도 충분하지 않을까 싶습니다. 한국어는 영어와 달리 정이 많아서 그까짓 '-들' 좀 붙였다고 큰일이 나지는 않거든요. 다만, 읽는 이를 들들 볶고 싶지 않다면 문장에서 '-들'을 걷어내세요. 그리고 복수의 뜻을 꼭 더해야만 하는 자리에 살포시 넣어주세요.

원칙 정리

- 복수의 뜻을 꼭 더해야 하는 경우에만 '–들'을 쓴다.

연습 문제

- 물들의 맛은 지역마다 다르다.

    →

- 그동안 여러 나라들을 여행했어.

    →

- 바위에 굴들이 따닥따닥 붙어 있다.

    →

정답 물의 맛은 지역마다 다르다. | 그동안 여러 나라를 여행했어. | 바위에 굴이 따닥따닥 붙어 있다.

거기가 어딘데

✕	◯
이 원장이 저 원장보다 그거를 안 아프게 놓는다.	김 원장이 최 원장보다 주사를 안 아프게 놓는다.
누나가 내 글을 읽고 울었는데 이를 본 엄마가 속상해했다.	누나가 내 글을 읽고 울었다. 누나의 눈물에 엄마가 속상해했다.

인생의 절반을 스타벅스에서 보냈다고 해도 과언이 아닐 만큼 그곳을 즐겨 찾습니다. 수많은 스타벅스 중에서 유독 자주 방문하는 지점이 있는데요. 지하철 5호선 발산역 4번 출구에서 쭉 걸어오다 왼편으로 보이는 스타벅스가 저의 단골 매장입니다. 촌스러운 티가 곳곳에 묻어 있는 구식 스타벅스지만, 오래전부터 즐겨 찾아서인지 습관처럼 이끌리고야 맙니다.

언젠가, 어디냐는 친구의 물음에 스타벅스에 있다고 대답했습니다. 어느 스타벅스냐고 친구가 또다시 묻기에 구구절절 설명하는 대신 이렇게 말했지요. "거기." 그러자 수화기 너머에서 "아" 하는 소리가 들려왔습니다. 그리고 얼마 지나지 않아 친구는 제가 있는 곳으로 찾아왔답니다. 그곳에서 수십 번도 넘게 만났기에 그리할 수 있었던 것이지요.

① **모호한 지시어 대신 구체적인 단어를 사용하세요**

만일, 친구가 아닌 낯선 사람과 이러한 대화를 나눈다면 어떤 상황이 벌어질까요? 상대방은 십중팔구 주소를 물어볼 것입니다. 거기가 어디인지 아무런 정보를 가지고 있지 않으니까요. 어째서 이런 당연한 소리를 늘어놓느냐고요? 우리가 글을 쓰

며 이와 비슷한 실수를 저지르기 때문입니다.

- 이 원장이 저 원장보다 그기를 안 아프게 놓는다.
- 여기나 거기나 음식 맛은 비슷하다.
- 그는 그보다 그녀를 더 아꼈다.

독자와 글쓴이는 초면입니다. 게다가 문자로만 소통하지요. 그러니까 글을 쓸 때는 처음 만나는 사람에게 이야기한다는 마음을 가져야 합니다. 정리하자면, 모호한 지시어 대신 구체적인 단어를 사용하라는 이야기입니다.

→ 김 원장이 최 원장보다 주사를 안 아프게 놓는다.
→ 본점이나 분점이나 음식 맛은 비슷하다.
→ 지용이는 자신보다 원영이를 더 아꼈다.
   지용이는 은우보다 원영이를 더 아꼈다.

어때요. 한결 이해하기 쉽지 않나요? 물론, 글을 쓰며 같은 말이 자꾸만 반복된다면 '이·그·저'라든지 '여기·거기·저기'와 같은 지시어를 사용해도 괜찮습니다. 잘만 쓴다면 문장이 한층 간결해질 테니까요. 다만, 지시어가 무엇을 가리키는

지 읽는 이가 파악할 수 있도록 충분한 정보를 문맥에 녹여주셔야겠습니다.

② 가리키는 대상이 두 개 이상이면 헷갈려요

앞서 살펴본 것처럼, 지시어는 어떤 말을 가리키는 역할을 합니다. 가리킨다는 건 어떤 대상을 특별히 집어서 두드러지게 나타낸다는 뜻이지요. 그러니까 지시어는 하나의 대상만을 명확하게 가리켜야 합니다. 둘 이상을 가리키면 무엇을 지칭하는지 헷갈리게 될 테고, 결국에는 아무것도 두드러지지 못할 테니까요.

- 누나가 내 글을 읽고 울었는데 이를 본 엄마가 속상해했다.
- 협상이 어그러져서 팀장이 화를 냈고 그것이 내가 퇴사한 이유다.
- 고양이가 장난감을 물고 침대로 올라갔는데 그것이 푹신해서 좋아했다.

엄마는 '우는 누나'를 보고 속상했을까요, '내 글'을 보고 속상했을까요? 나는 '협상이 어그러져서' 퇴사했을까요, '팀장이 화를 내서' 퇴사했을까요? 고양이는 '장난감이 푹신해서'

좋아했을까요, '침대가 푹신해서' 좋아했을까요? 읽는 이에게 의도를 정확하게 전달하고 싶다면, 복잡하게 생각할 것 없이 문장을 끊어보세요.

→ 누나가 내 글을 읽고 울었다. 누나의 눈물에 엄마가 속상해했다.
누나가 내 글을 읽고 울었다. 내 글을 본 엄마도 속상해했다.
→ 협상이 어그러져 팀장이 화를 냈다. 나는 제 역할을 해내지 못했다는 자괴감에 퇴사했다.
협상이 어그러져 팀장이 화를 냈다. 나는 팀장의 태도를 견디기 힘들어 퇴사했다.
→ 고양이가 장난감을 물고 침대로 올라갔다. 고양이는 장난감이 푹신해서 좋아했다.
고양이가 장난감을 물고 침대로 올라갔다. 고양이는 침대가 푹신해서 좋아했다.

쉽게 설명하려고 애를 써봤는데 잘 이해하셨나요? 혹시라도 궁금한 점이 있다면 거기에서 만나 함께 이야기를 나누어보아요. 거기가 어디냐고요? 아이, 참. 거기요, 거기!

원칙 정리

- 지시어 대신 구체적인 단어를 사용하고, 지시어를 써야 한다면 그 대상을 명확히 한다.

연습 문제

- 이리 말고 저리로 가.

  →

- 그녀는 그녀의 실력을 맹신했다.

  →

- 언니가 다른 지역 아파트로 이사했는데 그곳이 낯설다며 우울해했다.

  →

정답 왼쪽 말고 오른쪽으로 가. ('이리' '저리' 자리에 구체적인 단어 넣기) | 가비는 자신의 실력을 맹신했다. · 가비는 은지의 실력을 맹신했다. (지칭하는 사람을 정확하게 쓰기) | 언니가 다른 지역 아파트로 이사했다. 언니는 동네가 낯설다며 우울해했다. · 언니가 다른 지역 아파트로 이사했다. 언니는 새 아파트가 낯설다며 우울해했다.

오징어 다리 구 개

✗	○
대표님은 매일 1번째로 출근하신다.	대표님은 매일 첫 번째로 출근하신다.
너는 같은 말을 꼭 너댓 번씩 반복하더라?	너는 같은 말을 꼭 네댓 번씩 반복하더라?
2틀 후에 다시 만나자.	이틀 후에 다시 만나자.

영화 〈괴물〉 속 변희봉과 송강호 부자는 한강에서 매점을 운영합니다. 한번은 손님에게 항의가 들어오는데요. 오징어 다리 개수가 하나 모자란다는 것이었지요. 시나리오에는 송강호를 추궁하는 변희봉의 대사가 이렇게 적혀 있습니다. "4번 돗자리 손님한테서 항의가 들어왔어. 오징어 다리가 9개라고. 다리 하나 네가 먹었지?" 그런데 변희봉은 이 대사를 이렇게 바꾸

어 연기했습니다. "사 번 돗자리에서 항의가 들어왔샤. 오징어 다리가 구 개라고. 그거 한 개 니가 떼 먹어부렸냐?"

이 신은 〈괴물〉의 명장면 중 하나로 꼽힙니다. '아홉 개'가 아닌 '구 개'라는 낯선 단어가 우리의 귀를 즐겁게 한 것이지요. 이 영화를 영어 자막으로 보는 외국인은 우리와 같은 재미를 느끼지 못하지 않을까 싶습니다. '아홉'이든 '구'든 'nine'으로 번역될 테니까요. 그렇다면 우리말에 어떠한 특징이 있기에 이다지도 흥미로운 대사가 탄생하게 된 것일까요?

① **숫자를 나타내는 두 가지 방식**

우리말에는 '고유어'와 '한자어'가 있습니다. '벗·너울·나무'처럼 우리 민족이 본디부터 사용했던 말을 고유어라 하고, '친구(親舊)·파도(波濤)·수목(樹木)'처럼 한자를 기초로 하여 만들어진 말을 한자어라 하지요. 숫자에도 고유어와 한자어가 존재합니다. '하나·둘·셋'이 고유어라면 '일·이·삼'은 한자어지요. 숫자가 쓰이는 상황에 따라 고유어를 사용하기도, 한자어를 사용하기도, 두 가지를 섞어 사용하기도 하는데요. 예시를 따로 들지는 않겠습니다. 여러분은 이미, 그 쓰임을 자연스레 체득했기 때문입니다.

다만, 글을 쓸 때 유의해야 할 사항이 있습니다. 아라비아 숫자로 글을 쓸 경우 고유어로도, 한자어로도 읽힐 가능성이 있으니 의도에 따라 한글로 풀어서 쓰기를 권해드립니다. 쉽게 말해 '9개' 아닌 '아홉 개'로 쓰라는 말씀이지요. '9개'가 문법적으로 틀린 것은 아니지만 [아홉 개]가 아닌 [구 개]로 읽힐 수도 있으니까요. 물론, 다음 예문을 [일 번째] [이 그릇] [삼 잔]으로 읽을 사람이야 없겠습니다만, 우리 주변에 변희봉 꿈나무가 있을지도 모르잖아요.

- 대표님은 매일 1번째로 출근하신다. → 대표님은 매일 첫 번째로 출근하신다.
- 예전에는 밥을 2그릇씩 먹었는데. → 예전에는 밥을 두 그

릇씩 먹었는데.

- 내 주량은 맥주 3잔이야. → 내 주량은 맥주 세 잔이야.

② 다양한 숫자 고유어

조금 더 큰 숫자를 고유어로 말하고 싶다면 '열·스물·서른·마흔·쉰·예순·일흔·여든·아흔' 순서로 말하면 되는데요. 기쁜 소식을 하나 전해드리자면, '아흔아홉' 이후로는 고유어가 없기 때문에 여기까지만 기억해 두면 되겠습니다. 그러니까 마음 편히 '백·천·만·억·조'라고 수를 세도 괜찮다는 이야기입니다.

여기까지 온 김에 숫자를 어림잡아 표현하는 고유어까지 알아둔다면 금상첨화겠지요?

1~2	2~3	3~4	4~5	5~6	6~7	7~8	8~9	10+1, 2
한두	두세	서너	네다섯	대여섯	예닐곱	일고여덟	여덟아홉	여남은

저도 늘 헷갈리는 것이 '넷이나 다섯쯤 되는 수'를 나타내는 말인데요. 우리는 이를 '너댓'으로 잘못 쓰곤 합니다. '너덧' 또는 '네댓'이 바른 말인데 이 두 개가 섞여버리고야 만 것이지

요. 아무래도 머릿속에 저장이 되지 않는다면 그냥 마음 편히 '네다섯'이라고 기억해 둡시다.

③ 틀리면 곤란한 날짜 고유어

사실, 앞서 알려드린 것들은 틀리게 쓰더라도 유야무야 넘어갈 수 있습니다. 그러나 날짜와 관련된 말을 잘못 사용할 경우에는 치명적인 결과를 초래할 수 있습니다. 친구와 약속이 어긋나 사이가 나빠질 수도 있고, 아파트 매매 잔금일을 착각해 계약금을 모조리 날릴 수도 있으며, 무엇보다도 몹시 창피합니다.

1일	2일	3일	4일	5일	6일	7일	8일	9일	10일
하루	이틀	사흘	나흘	닷새	엿새	이레	여드레	아흐레	열흘

이 중에서 우리를 가장 곤란하게 하는 단어를 꼽아보라면 주저 없이 '사흘'이라 대답하겠습니다. 이는 '세 번째 날'을 뜻하는 말이건만, '사'를 숫자 '4'로 받아들여 '네 번째 날'로 오해하는 분들이 왕왕 계시지요. 그렇다면 우리를 가장 창피하게 하는 단어는 무엇일까요? 단연 '이틀'입니다. 이를 '2틀'이

라 잘못 쓰는 경우가 허다한데요. '두 번째 날'을 뜻하는 말이라서 숫자 '2'를 쓴다고들 하시더군요. 만일 그분들께서 '하루'를 '1루'라고 쓰신다면 '2틀' 역시 허용하겠습니다.

어린 왕자는 어른들이 숫자를 좋아한다며 한탄해 마지않았습니다. 어른들은 장밋빛 벽돌로 지은 예쁜 집을 봤다고 말하면 별다른 관심을 보이지 않다가도, 십만 프랑짜리 집을 봤다고 말하면 멋진 집이라며 감탄한다지요. 하기야, 어리기만 한 녀석이 무얼 알겠나요. 우리는 알잖아요. 숫자가 얼마나 중요한지. 그렇죠?

원칙 정리

- 숫자는 고유어로도, 한자어로도 셀 수 있으니 각기 잘 익혀두어야 한다.

연습 문제

- 아내가 임신한 지 7달이 되었다.

    →

- 하는 짓이 꼭 너댓 살 먹은 어린애 같아.

    →

- 약은 하루에 한 알씩, 네 알이니까 사흘 치구나.

    →

정답 아내가 임신한 지 일곱 달이 되었다. | 하는 짓이 꼭 너덧·네댓·네다섯 살 먹은 어린애 같아. | 약은 하루에 한 알씩, 네 알이니까 나흘 치구나.

이 단어가 틀렸다고?

친척 언니의 아이가 돐을 맞이했습니다. 종손녀를 각별이 여기는 엄마는 금 한 돈짜리 반지를 해주고 싶어 했습니다. 그런데 금액이 부담스러워 반 돈으로 해야겠다며 아쉬워했지요. 돈을 보태줄 테니 한 돈을 하라는 제 말에 엄마는 이렇게 대답했습니다. "네가 뼛심 들여 번 돈을 어떻게 받아." 뼛심이 뭘까. 아주 힘들다는 뜻이라는 건 알겠는데 저런 단어가 정말 존재할까? 사전을 찾아보니 '모든 육체적 활동의 바탕이 돼며, 몹시 어려운 처지를 이겨 나가려고 할 때 쓰는 힘'이라고 풀이되어 있었습니다.

일에서 도망치고 싶은 날에 뼛심이라는 단어를 떠올리면 나약한 마음이 깨끗이 사라집니다. 몹시 어려운 처지를 이겨 나가야 일이 마무리되는 거니까 이 힘듦은 당연한 것이라고 생각하며 자리를 지킵니다. 이전에는, 누군가 어휘를 공부해야 하는 이유를 물어오면 상대방으로부터 신뢰를 잃을 수 있기 때문이라고 대답했습니다. 그러나 이제는, 단어가 지닌 뜻을 곰곰이 생각하다 보면 그 속에서 옳바르게 살아갈 힘을 얻을 수 있기 때문이라고 대답하렵니다.

틀린 어휘를 소개하는 파트의 도입부로는 영 생뚱맞다는 생각이 드시나요? 저는 그러한 생각을 하는 여러분이 오히려 엉뚱하게 느껴지는군요. 앞선 두 문단에 틀린 어휘가 무려 일곱 개나 있는걸요! 일곱 개의 오답을 모두 짚어내셨다면 다음 장으로 넘어가도 좋지만, 그러지 못했다면 이어지는 내용을 찬찬히 살피며 바른 어휘를 익혀보세요.

① 실수하기 쉬운 겹받침 어휘

'ㄼ·ㄶ·ㅄ'처럼 서로 다른 두 개의 자음으로 이루어진 받침을 '겹받침'이라 합니다. 자음이 두 개 모였으니 실수할 가능성도 배가 되지요. 하나면 골치 아플 일도 없을 텐데 구태여 두 개를 모아둔 이유가 무엇인지 궁금하실 텐데요. 단어마다 각기의 사정이 있답니다.

- 돌/돐 → 돌 : 과거에는 '돌'은 생일, '돐'은 주년을 뜻했으나 '돌'로 통합했습니다.
- 힘듬 → 힘듦 : '힘들다'처럼 'ㄹ' 받침이 들어가면 'ㄻ'을 써서 변형합니다. '살다'를 '삶'이라 하듯 말이지요.
- 옳바르다 → 올바르다 : '옳다'가 아닌 '올(실)이 바르다'에서 온 말이므로 원형을 살려 적어줍니다.

② '이'냐 '히'냐 그것이 문제로다

한글 맞춤법 제51항은 이렇게 말합니다. 부사의 끝음절이 분명히 '이'로만 나는 것은 '-이'로 적고, '히'로만 나거나 '이'나 '히'로 나는 것은 '-히'로 적으라고 말이지요. 아무래도 국어학자들은 잘 모르는 듯싶습니다. 슬프게도 우리의 발음이 그다지 명료하지 않다는 사실을 말입니다. 하지만 걱정할 필요 없습니다. 이어지는 원칙을 적용한다면 어렵지 않게 구별할 수 있거든요.

- 각별이 → 각별히 : '-하다'를 붙였을 때 말이 되면 '-히'를 붙입니다. (과감히/엄격히/꼼꼼히)
- 깨끗히 → 깨끗이 : '-하다'를 붙여 말이 돼도 앞말의 받침이 'ㅅ'이면 '-이'를 붙이세요. (꿋꿋이/또렷이/산뜻이)

- 곰곰히 → 곰곰이 : '-하다'를 붙였을 때 말이 되지 않으면 '-이'를 붙입니다. (반가이/적잖이/헛되이)

다만 '깊숙이·두둑이·수북이'처럼 원칙이 적용되지 않는 경우도 있답니다. 그러니 국어사전을 찾아보는 습관을 들이면 좋겠지요?

③ '되'냐 '돼'냐 그것도 문제로다

'되다'와 '돼다' 중 어느 쪽이 바른 말인지 헷갈린다면 '되' 자리에 '하'를, '돼' 자리에 '해'를 넣어 읽어보세요. 개중 자연스럽게 읽히는 쪽이 바른 말이거든요.

- 되다 = 하다 (○) / 돼다 = 해다 (×)
- 안 돼 = 안 해 (○) / 안 되 = 안 하 (×)
- 봬요 = 해요 (○) / 뵈요 = 하요 (×)

'안 되'와 '안 돼', '뵈요'와 '봬요'에도 이 원칙을 적용할 수 있습니다. '안 하'와 '안 해' 중 '안 해', '하요'와 '해요' 중 '해요'가 자연스러우니 각각 '안 돼'와 '봬요'가 옳다는 말씀!

여러분에게 바른 맞춤법을 더 많이 알려드리고 싶지만 갈 길이 바쁘기에 이쯤에서 마무리하겠습니다. 혹시라도 아쉬워하실 분들을 위해 틀리기 쉬운 어휘 칠십 개를 64쪽에 정리해 두었으니 여유 있을 때 훑어보세요. 어휘를 살피며 그 속에서 올바르게 살아갈 힘을 얻는다면 금상첨화겠고요.

원칙 정리

- 국어사전을 가까이 하자!

연습 문제

- 친척 언니의 아이가 돓을 맞이했다.

  →

- 뼛심은 육체 활동의 바탕이 돼며 어려운 처지를 이겨 나갈 때 쓰는 힘이다.

  →

- 이 힘듬은 당연한 것이다.

  →

정답 친척 언니의 아이가 돌을 맞이했다. | 뼛심은 육체 활동의 바탕이 되며 어려운 처지를 이겨 나갈 때 쓰는 힘이다. | 이 힘듦은 당연한 것이다.

틀리기 쉬운 어휘 70

✕	◯	풀이
가리마	가르마	'가리마'는 전라북도 방언이다.
각별이	각별히	'-하다'를 붙였을 때 말이 되면 '-히'를 붙인다. (과감히/엄격히/꼼꼼히)
개거품	게거품	게는 아가미의 수분을 거품으로 보호한다.
개구장이	개구쟁이	'-장이'는 기술을 가진 사람, '-쟁이'는 그런 특성을 가진 사람을 뜻한다.
게중	개중	낱 개(個), 가운데 중(中)을 쓰는 한자어다. '여럿이 있는 그 가운데'라는 의미다.
겨땀	곁땀	겨드랑이의 옛말은 '곁'이다. '곁'에서 나는 '곁땀'이다.
곰곰히	곰곰이	'-하다'를 붙였을 때 말이 되지 않으면 '-이'를 붙인다. (반가이/적잖이/헛되이)
곱배기	곱빼기	'-빼기'는 그런 특성이 있는 사람이나 물건을 뜻한다.
과관	가관	가히 가(可), 볼 관(觀)을 쓰는 한자어다.
구렛나루	구레나룻	'굴레'의 옛말인 '구레'에 수염을 뜻하는 '나룻'을 더해 만든 말이다.

구지	굳이	'굳다·굳고·굳은'과 맥이 같은 단어이므로 '굳'을 쓴다.
귀뜸	귀띔	'귀가 뜨이다'에서 온 말이다.
귓볼	귓불	귀의 불알 → 귀불알 → 귓불
금새	금세	'금시에'가 줄어든 말이다.
깨끗히	깨끗이	앞말의 받침이 'ㅅ'이면 '-이'를 붙인다. (꿋꿋이/또렷이/산뜻이)
널판지	널빤지	'널빤지'라고 발음하는 사람이 많아 표준어가 되었다.
눈꼽	눈곱	'눈'에 고름 모양의 물질을 뜻하는 '곱'을 더해 만든 말이다.
닥달하다	닦달하다	'심하게 나무란다'는 뜻을 지닌 '닦다'에서 뻗어져 나온 말이다.
당췌	당최	'당초에'가 줄어든 말이다.
댓가	대가	한자와 한자가 만난 단어에는 사이시옷을 붙이지 않는다. (개수/초점/화병)
덩쿨	덩굴	같은 말은 '넝쿨'이다. '덩쿨'은 '넝쿨'과 '덩굴'이 섞여 틀리게 쓰이는 말이다.
돐	돌	과거에는 '돌'은 생일, '돐'은 주년을 뜻했으나 '돌'로 통합했다.
돼다	되다	'돼'에 '해'를, '되'에 '하'를 넣어 읽어보자. '해다'는 틀리고 '하다'는 맞다.
뒷꿈치	뒤꿈치	뒤쪽 낱말이 'ㅊ·ㅋ·ㅌ·ㅍ' 'ㄲ·ㄸ·ㅃ·ㅆ·ㅉ'로 시작하면 사이시옷을 넣지 않는다.
되물림	대물림	세대를 의미하는 '대(代)'를 쓴다.
멋적다	멋쩍다	'멋이 적다'는 뜻이 아니니 발음대로 '멋쩍다'라고 쓴다. (겸연적다X 겸연쩍다O)
몇일	며칠	'몇'과 '일'이 합쳐진 말이 아닌 '며츨'에서 유래한 말이다.

모밀	메밀	산에서 나는 밀이라 '뫼밀'이라고 불렀으나 시간이 흘러 '메밀'이 되었다.
무릎쓰다	무릅쓰다	무릎은 앉았다 일어서거나 걷거나 뛸 때만 사용하자.
발자욱	발자국	'발자욱'은 시적 허용이다. (설레이다X 설레다O)
베낭	배낭	등 배(背), 주머니 낭(囊)을 쓰는 한자어다.
산봉오리	산봉우리	'봉오리'는 아직 피지 않고 망울만 맺힌 꽃을 뜻한다.
새침떼기	새침데기	'-데기'는 그런 성질을 가진 사람을 뜻한다. (푼수떼기X 푼수데기O)
설겆이	설거지	'설겆이'는 '설거지'의 옛말이다.
쇠뇌	세뇌	씻을 세(洗), 골 뇌(腦)를 쓰는 한자어다.
시덥잖다	시답잖다	'시답지 않다'가 줄어든 말이다.
쑥맥	숙맥	콩 숙(菽), 보리 맥(麥)을 쓰는 한자어다.
어물쩡	어물쩍	말이나 행동을 슬쩍 얼버무리는 모양을 뜻하니 '슬쩍'과 연관해 기억하자.
어의없다	어이없다	'어의'는 임금이 입던 옷, 임금의 병을 치료하는 의원을 뜻한다. '어이'는 '어처구니'와 같은 말이다.
어짜피	어차피	어조사 어(於), 이 차(此), 저 피(彼)를 쓰는 한자어다.
얼만큼	얼마큼	'얼마만큼'에서 '만'을 뺀 말이다.
역활	역할	부릴 역(役), 나눌 할(割)을 쓰는 한자어다.
오랫만	오랜만	'오래간만'에서 '가'를 빼고 '오랜만'이라고 쓴다.
옳바르다	올바르다	'올(실)이 바르다'에서 온 말이다.
우뢰	우레	'하늘이 운다'에서 온 말로 '울다'의 '울-'에 '-에'를 더해 만든 말이다.
웅큼	움큼	'움켜쥐다·움켜잡다'와 맥이 같은 단어이므로 '움'을 쓴다.

월래	원래	[월래]라는 발음은 맞지만 표기는 이와 다르다.
육월	유월	'육월'보다 '유월'이 발음하기 편해 표준어가 되었다. (십월X 시월O)
이억만리	이역만리	다른 나라의 아주 먼 곳을 나타내 말로 '이역'은 다른 나라 땅을 뜻한다.
있슴	있음	'없다' 역시 '없슴'이 아닌 '없음'으로 쓰자.
장농	장롱	장롱 장(欌), 대바구니 롱(籠)을 쓰는 한자어다.
제작년	재작년	재(再)는 '두 번째'를 뜻하는 말이다. (재수/재활용/재탕)
짧막하다	짤막하다	'넓다랗다'가 아닌 '널따랗다'가 바른 말이라는 사실도 함께 기억하자.
쭈꾸미	주꾸미	죽순이 돋아나는 봄이 제철이라 '죽금어'라 불린 데서 유래했다.
찰라	찰나	절 찰(刹), 어찌 나(那)를 쓰는 한자어다.
챙피하다	창피하다	미쳐 날뛸 창(猖), 해칠 피(披)를 쓰는 한자어다.
천군마마	천군만마	천 명의 군사와 만 마리의 군마를 뜻하므로 '만(萬)'을 쓴다.
철썩같이	철석같이	쇠 철(鐵)에 돌 석(石)을 쓰는 한자어다.
치고박고	치고받고	'박다'에는 싸운다는 의미가 없으므로 '치다'와 어울리지 않는다.
치루다	치르다	'치루'는 치질의 일종이다.
칠흙	칠흑	검은색을 나타내는 한자어는 '흙'이 아닌 '검을 흑(黑)'이다.
콧망울	콧방울	'코'끝 양쪽으로 '방울'처럼 내민 부분을 뜻하는 말이다.
파랑색	파란색	'파랑'은 그 자체로 색을 나타내기에 '색'을 붙일 필요 없다. (검정색X 검은색O)
폭팔	폭발	'촉발'과 비슷한 말이므로 '필 발(發)'을 쓴다.

할께	할게	'꺼야'가 아닌 '거야'가 바른 말이라는 사실도 함께 기억하자.
햇님	해님	'해'를 높여 부르려고 '-님'을 붙인 말이다.
호위호식	호의호식	좋은 옷과 음식으로 풍요롭게 지낸다는 의미이므로, 옷을 뜻하는 '의(衣)'를 쓴다.
회손	훼손	헐 훼(毁), 덜 손(損)을 쓰는 한자어다.
희안하다	희한하다	드물 희(稀), 드물 한(罕)을 쓰는 한자어다.
힘듬	힘듦	'힘들다'처럼 'ㄹ'받침이 들어가는 말은 'ㅁ'이 아닌 'ㄻ'을 써서 변형한다.

이 단어가 다르다고?

저의 어린 시절은 문안하지 않았습니다. 이러저러한 복잡한 사정으로 시골에 사는 외할머니 손에 자랐거든요. 친구들이 동물원에 놀러 갈 때 저는 외양간에서 소를 구경했고, 〈뽀뽀뽀〉를 보며 동심을 한참 키워야 할 나이에 〈가요무대〉를 시청했지요. 하지만 편견 없는 어린이였던 저는 〈뽀뽀뽀〉던 〈가요무대〉던 상관하지 않고 즐겁게 시청했습니다. 그 영향으로 나이에 맞지 않게 트로트를 흥얼되었는데요. 그런 저의 재롱을 본 동네 어르신들은 이를 들어낸 채 껄껄 웃으셨답니다.

〈얄미운 사람〉도 좋아하고 〈백만 송이 장미〉도 좋아했지만, 저의 애창곡은 〈도로남〉이었습니다. 여러분도 이 노래를 들어본 적 있으신가요? 명곡은 시각이 흘러도 잊히지 않고 불

리니 익히 아실 거라는 생각이 듭니다. '남'이라는 글자에서 점 하나를 지우면 '님'이 되고, 그런 님에게 점 하나만 찍으면 도로 '남'이 된다고 노래는 말하고 있지요. 당시에는 뜻도 모르고 부르던 노래였건만 이제 와 생각해 보니 이런 명곡이 또 있을까 싶습니다. 서글픈 인생사와 우리말의 묘미를 짚어낸 작사가의 통찰력에 무릎이 절로 꿇어지네요.

이처럼, 우리말에는 얼핏 보기에 비슷한 어휘가 많습니다. 그러다 보니 혼동하여 사용하는 경우 역시 많지요. 너도나도 헷갈리니까 문제 될 거 없지 않냐며, 눈치껏 뜻만 통하면 되는 거 아니겠냐며, 어물쩍 넘어가려는 분이 계실 것 같은데요. 상사에게 '결재' 서류를 올리며 '결제' 부탁드린다고 했다가는 머리를 장식으로 달고 다니냐는 꾸지람을 들으며 곤혹을 치를 수도 있지 않겠습니까. 자음 하나, 모음 하나의 차이로 '님'과 '남'처럼 완전히 다른 말이 되어버린다는 사실을 유념하며 바른 어휘 사용을 지양하셔야겠습니다.

어떡해 하면 비슷한 어휘를 쉽게 익힐 수 있냐고 물어오는 분들에게 저는 예기합니다. '틀린 그림 찾기'를 들여다보듯 찬찬히 살피며 차이점을 발견하라고 말입니다. 작가로써 살아

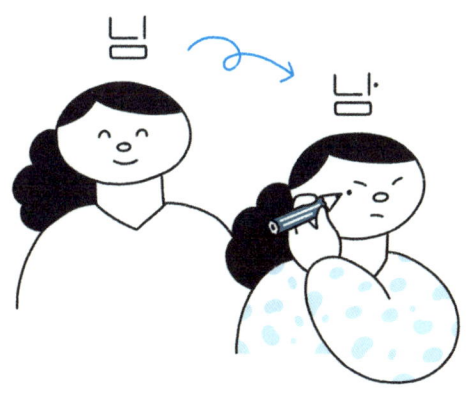

온 지 횟수로 십사 년이 된 저이지만 헷갈리는 어휘가 여전히 많아 국어사전을 끼고 사는걸요. 끝없이 주어지는 과제가 산 너머 산으로 느껴진다는 사실을 알고 있습니다. 하지만 여러분은 그 누구보다 성실함으로 머지않아 정상에 설 수 있을 것입니다. 본인은 그런 사람이 아니라며 손사래 치지 마세요. 이 책을 손에 쥔 것 자체가 성실하다는 반증이니까요.

앞선 장을 꼼꼼하게 읽었다면 이 글에도 함정이 숨어 있다는 사실을 눈치채셨겠지요? 여러분의 예상대로 총 스무 개의 비슷해서 잘못 쓰기 쉬운 어휘를 다음 쪽까지 숨겨두었답니다. 제가 정답을 가리켜 드리면 재미없으니 직접 맞춰보세요. 힌트는 비슷한 어휘 칠십 개를 정리해 둔 73쪽에 있습니다. 그 속에 숨어 있는 정답을 찾으려 하다 보면 머리가 어질어질할 수도 있을 테지만 포기하지 마십시오. '빚'처럼 싸인 어휘를 하나하나 해치우다 보면 언젠가는 '빛'이 되어 여러분의 인생을 밝혀줄 테니 말입니다.

원칙 정리

- 차근차근 비교해 가며 어휘를 익히자!

연습 문제

- '틀린 그림 찾기'는 두 그림의 다른 점을 찾아내는 놀이다.

  →

- 인생은 산 너머 산이다.

  →

- 너는 성실함으로 머지않아 정상에 설 수 있을 것이다.

  →

정답 '다른 그림 찾기'는 두 그림의 다른 점을 찾아내는 놀이다. | 인생은 산 넘어 산이다. | 너는 성실하므로 머지않아 정상에 설 수 있을 것이다.

비슷하게 생겨서 헷갈리기 쉬운 어휘 70

(● : 힌트)

단어	풀이	의미
● 가르치다	학생을 가르치다.	지식
가리키다	하늘을 가리키다.	지목
가진	가진 돈이 없다.	지닌
갖은	갖은 고생을 했다.	온갖
갑절	물가가 갑절은 올랐다.	두 배
곱절	물가가 곱절은 올랐다. / 소득이 세 곱절 늘었다.	두 배 / 곱하기
개발	맞춤법 실력을 개발하려고 공부한다.	향상
계발	선생님 덕에 몰랐던 능력을 계발했다.	계몽
결제	신용카드로 결제하다.	거래
결재	결재 서류를 올리다.	승인
● 곤욕	말싸움에 휘말려 곤욕을 당했다.	모욕
곤혹	지갑을 잃어버려 곤혹을 치렀다.	당혹
껍데기	굴 껍데기에 발을 다치다.	단단함
껍질	양파 껍질을 벗기다.	단단하지 않음

낫다	감기가 낫다.	회복
낳다	아이를 낳다.	출산
너머	산 너머에 바다가 있다.	위치
• 넘어	산을 넘어 바다에 간다.	동작
너비	도로 너비를 재다.	폭
넓이	서른 평 넓이의 집을 샀다.	면적
늘이다	고무줄을 늘이다.	길게
늘리다	세력을 늘리다. / 재산을 늘리다.	크게 / 많게
• 다르다	너와 나는 다르다.	상이하다
틀리다	계산이 틀리다.	그르다
• -대다	밤하늘에 별이 반짝대다.	계속되다
-되다	일이 해결되다.	이루어지다
-던	옛날에 갔던 곳이다.	과거
• -든	여기든 저기든 상관없다.	나열
두텁다	친분이 두텁다.	돈독하다
두껍다	이불이 두껍다.	두툼하다
• 드러내다	이를 드러내고 웃다.	나타내다
들어내다	생선 내장을 들어내다.	꺼내다
로써	말로써 천 냥 빚을 갚는다.	-을 사용해
• 로서	대표로서 책임을 져야 한다.	신분 / 자격
맞추다	입을 맞추다.	마주 닿다
• 맞히다	답을 맞히다.	적중하다
• 무난하다	성격이 무난하다.	괜찮다
문안하다	할머니께 문안하다.	안부를 여쭈다
바라다	친구의 성공을 바라다.	기대

바래다	종이가 누렇게 바래다.	변색
반증	낙제생의 성공은 공부가 답이란 말을 반증했다.	반대 내용으로 증명
• 방증	젖은 우산은 비가 왔음을 방증했다.	간접적으로 증명
빌다	소원을 빌다. / 잘못했다고 빌다.	소원 / 용서
빌리다	책을 빌리다. / 이 자리를 빌려 감사를 전한다.	물건 / 자리
시각	현재 시각은 오후 세 시다.	시간의 한 시점
• 시간	현재 시간은 오후 세 시다. / 시간을 재다.	시간의 한 시점 / 사이
싸이다	선물이 포장지에 싸여 있었다.	뒤덮이다
• 쌓이다	창틀에 먼지가 쌓여 있었다.	누적되다
안	음식을 안 먹다.	뒤에 오는 말을 반대
않	음식을 먹지 않다.	앞에 오는 말을 반대
• 얘기하다	그녀가 비밀을 얘기했다.	이야기하다
예기하다	예기치 못한 일이 발생했다.	예견
• 어떻게	이 일을 어떻게 할까.	문장의 중간에 씀
어떡해	이 일을 어떡해.	문장의 끝에 씀
• 아니오	직접 하면 될 것 아니오. / 그 사람은 귀인이 아니오.	'-오'를 빼면 말이 안 됨
아니요	"밥은 먹었니?" "아니요, 아직 안 먹었어요."	'요'를 빼도 말이 됨
이따가	자세한 얘기는 이따가 하자.	잠시 후에
있다가	여기에 조금 더 있다가 갈게.	머무르다가

일체	재산 일체를 기부했다.	전체
일절	술은 일절 마시지 않는다.	절대
작다	글씨가 작다.	(반)크다
적다	밥이 적다.	(반)많다
지양	과도한 음주를 지양합시다.	안 함
• 지향	평화 통일을 지향하다.	함
한참	한참 동안 기다리다.	오랫동안
• 한창	산에는 진달래가 한창이다.	절정기
-함으로	그에게 최선을 다함으로 신뢰를 회복할 것이다.	-하는 것으로
• -하므로	그는 건강하므로 금세 회복할 수 있을 것이다.	-하기 때문에
• 햇수	이사 온 지 햇수로 삼 년이 되었다.	연도를 세는 말
횟수	신용카드 사용 횟수를 줄였다.	차례를 세는 말

중급 편

정확한 어휘 활용 기술

것이었던 것이었던 것이다

✗	○
교보문고에 갈까 말까 고민에 빠진 것이다.	교보문고에 갈까 말까 고민에 빠졌다.
독서라는 것은 마음의 양식이거늘.	독서는 마음의 양식이거늘.
그는 책에 쓰인 것을 맹신했다.	그는 책에 쓰인 말을 맹신했다.

늦은 밤, 교보문고에 갈까 말까 고민에 빠졌다. 이승우의 《생의 이면》이 미치도록 읽고 싶었던 것이었던 것이다. 어째서 책은 짜장면처럼 신속 배달되지 않는가. 책이라는 것은 그럴 가치가 없단 말인가. 음식에만 온갖 것이 집중된 세상이 원망스러웠다. (중략) 그려, 이북을 사는 것이여! (중략) 신이

나서 페이지를 휙휙 넘기다가, 종이책과는 다르게 두 장이 한꺼번에 넘어가는 일이 없다는 사실을 알아채고, 나는 책장이 아닌 화면을 넘기고 있구나, 했다.

―

이북이라는 신문물을 처음 접했던 날, 그 생경한 느낌을 블로그에 기록해 두었습니다. 보시다시피, 과거의 저는 글쓰기를 장난처럼 즐겼습니다. '무엇무엇이었던 것이었던 것이다' 하는 문장을 거침없이 구사하기도 했지요. 변사처럼 말하는 문장이 재미있다고 생각했거든요. 그런데 그로부터 몇 년이 지나 첫 책의 교정지를 받아 든 순간, 무언가 잘못되었다는 사실을 깨달았습니다. '것'이라는 글자마다 빨간 동그라미가

표시되어 있었던 것이었던 것이었던 것이었던 것이었습니다!

편집자는 이렇게 조언했습니다. 문장에 '것'이 많아 읽기에 거슬릴뿐더러, 의미하는 바가 모호하니 수정해 보라고 말이지요. 관련 도서를 찾아가며 교정을 마치기는 했지만 쉽지 않은 과정이었습니다. 그동안 '것'이라는 만능 단어에 기대어 글을 편하게 써온 업보를 톡톡히 치렀지요. '것'과 헤어지기 위해 당시의 제가 적용한 원칙은 다음과 같았습니다.

① 문장을 끝맺을 때 '것이다' 대신 다른 말을 써보세요

'것이다'는 확신이나 결정 따위를 나타낼 때 쓰는 말입니다. 이 말인즉, 문장을 강조하는 역할을 한다는 이야기입니다. 그런데 우리는 습관적으로 '것이다'를 사용하곤 합니다. 의도와는 상관없이, 힘이 잔뜩 들어간 문장을 쓰고 있었던 셈이지요.

- 늦은 밤, 교보문고에 갈까 말까 고민에 빠진 것이다.
- 이승우의 《생의 이면》이 미치도록 읽고 싶었던 것이었던 것이다.
- 며칠 전, 누군가 그 책을 추천했던 것이다.

앞의 세 문장이 연달아 쓰였다고 생각해 보세요. 쓸데없이 결연한 느낌이 듭니다. 아래와 같이 수정한다면 조금 더 담담한 문장이 되겠지요?

→ 늦은 밤, 교보문고에 갈까 말까 고민에 빠졌다.
→ 이승우의 《생의 이면》이 미치도록 읽고 싶었다.
→ 며칠 전, 누군가 그 책을 추천했기 때문이다.

② '것'과 그에 딸린 말을 지워보세요

군더더기가 많은 문장을 지양하라는 이야기, 글쓰기에 관심 있다면 한 번쯤은 들어보셨을 텐데요. '것'을 쓰다 보면 쓸데없는 말이 따라오기 마련입니다. 그럴 때는 '것'과 그에 딸린 말을 지워보세요. 삭제한 후에도 문장이 뜻하는 바가 달라지지 않는다면 없애야 마땅한 군말이겠지요? 이러한 방법이 쉽게 적용되지 않는다면, 세 번째 예시처럼 문장 구조를 바꿔보셔도 좋습니다.

- 독서라는 것은 마음의 양식이거늘. → 독서는 마음의 양식이거늘.
- 책이라는 것은 그럴 가치가 없단 말인가. → 책은 그럴 가치가 없단 말인가.

- 내가 원하고 있는 것은 음식이 아닌 지식이었다. → 나는 음식이 아닌 지식을 원했다.

③ '것' 대신 구체적인 단어를 써보세요

'것'은 구체적이지 않은 사물이나 사실을 나타낼 때도 쓰입니다. 그러니까 '것'을 계속 사용하면 구체적이지 않은 문장이 되어버린다는 이야기지요. 문장을 모호하게 쓰고 싶지 않다면 '것' 대신 명확한 단어를 넣어보세요.

- 그는 책에 쓰인 것을 맹신했다. → 그는 책에 쓰인 말을 맹신했다.
- 음식에만 온갖 것이 집중된 세상. → 음식에만 온갖 편의가 집중된 세상.
- 수많은 것이 머릿속을 스쳐 지나갔다. → 수많은 생각이 머릿속을 스쳐 지나갔다.

앞선 내용을 여러분의 문장에 적용하려면 생각보다 쉽지 않을 수도 있습니다. 좋은 문장이 다 무엇이더냐, 하며 포기하고 싶은 마음이 들지도 모르겠습니다. 하지만 천 리 길도 한 걸음부터 아니겠습니까. 다음 연습 문제를 풀며 발걸음을 힘차게 내디뎌 보세요.

원칙 정리

- 문장을 강조하려면 '것이다'를 써도 좋지만, 그렇지 않다면 다른 맺음말을 찾아보자.
- '것'과 그에 딸린 말을 삭제하면 문장이 간결해진다.
- '것' 대신 구체적인 단어를 쓰면 문장이 명확해진다.

연습 문제

- 점심으로 떡볶이를 먹은 것이었다.

  →

- 돈이라는 것은 중요해.

  →

- 사랑한다는 것은 거짓말이었니?

  →

정답 점심으로 떡볶이를 먹었다. | 돈은 중요해. | 사랑한다는 고백은 거짓말이었니?

나의 삶의 목표는 원영적 사고

✕	〇
마음적으로 불안하다.	마음이 불안하다.
그 강의를 들으려면 기초적 지식이 필요해.	그 강의를 들으려면 기초 지식이 필요해.
나의 삶의 목표는 분명하다.	내 삶의 목표는 분명하다.
친구와의 약속이 있다.	친구와 만나기로 약속했다.

'원영적 사고'라는 말, 들어본 적 있으신가요? 이 밈은 걸 그룹 아이브의 멤버, 장원영의 희망찬 사고방식에서 비롯되었는데요. "카페 마감 시간이 십 분밖에 안 남았네?"가 '부정적 사고'이고, "카페 마감 시간이 십 분이나 남았네?"가 '긍정적 사고'라면, "카페에서 딱 십 분만 쉬고 싶었거든? 더 길게 쉬면 늘어질 것 같고, 더 짧게 쉬면 아쉬울 것 같았는데, 마감까지 남은

시간이 딱 십 분인 거야. 완전 럭키비키잖아!"가 바로 '원영적 사고'입니다.

① **'-적'은 한자어와 어울립니다**

많은 사람이 '원영적 사고'를 삶에 적용하려고 합니다. 장원영의 성격을 띠는 사고가 인생에 이롭기 때문이겠지요. 이처럼 어떠한 단어 뒤에 '-적'이 붙으면 '그 성격을 띠는'이라는 뜻이 더해진답니다. '긍정적(肯定的)'이나 '부정적(否定的)'처럼 주로 한자어와 어울려 쓰이기 때문에 '원영적'이라는 말은 사실상 성립되지 않는데요. 그야말로 '밈'이니 귀엽게 보면 되겠습니다. 문제가 있다면 밈과 같은 말을 일상에서 쓴다는 점이지요.

- 마음적으로 불안하다.
- 돈적인 여유가 없다.
- 몸적으로 힘들었다.

마음, 돈, 몸. 세 단어 모두 순우리말이기 때문에 '-적'과 어울리지 않습니다. 이를 해결하는 방법은 간단합니다. 순우리말을 한자어로 대체하거나, '-적'을 빼고 문장을 자연스럽게 다듬으면 되거든요.

→ 심(心)적으로 불안하다. / 마음이 불안하다.

→ 금전(金錢)적인 여유가 없다. / 돈에 여유가 없다.

→ 육체(肉體)적으로 힘들었다. / 몸이 힘들었다.

② '-적'을 삭제할 수 있다면 그렇게 하세요

한자어 뒤에 '-적'이 붙더라도 덜어내야 할 때가 있습니다. '-적'을 삭제하더라도 문장이 어색하지 않다면 그리하는 편이 좋겠습니다. 구태여 한 글자를 덧붙일 필요가 없기도 하거니와, 자꾸만 같은 글자가 반복되면 읽기에도 영 부담스러우니까요.

- 그 강의를 들으려면 기초적 지식이 필요해. → 그 강의를 들으려면 기초 지식이 필요해.

- 사랑은 인류의 공통적 관심사다. → 사랑은 인류의 공통 관심사다.
- 세부적 내용은 추후에 공지하겠습니다. → 세부 내용은 추후에 공지하겠습니다.

'긍정적 사고'나 '부정적 사고'와 같은 말도 더욱 쉽고 간결하게 수정할 순 없을까? 하고 고민하는 모범생이 계신다면 그 태도를 높이 사겠습니다. 하지만 오늘의 공부는 여기까지! '-적'을 무조건 삭제하지 않아도 괜찮습니다. 욕심부려 덜어내다 보면 '긍정 사고'나 '부정 사고'처럼 어색한 말이 되어버릴 테니까요. 그저 남용하지 않도록만 주의해 주세요.

③ '의'도 삭제할 수 있다면 그렇게 하세요

아쉬워하실 분들을 위해 마지막으로 하나만 더 알려드리자면요. '의' 역시 습관적으로 사용하는 말 중 하나랍니다. 심지어는 '어쩌고의 저쩌고의' 하는 식으로 연달아 쓰기도 하는데요. '-적'을 삭제할 때와 마찬가지로, 문장이 어색해지지 않는 선에서 걷어내시기를 권해드립니다.

- 나의 삶의 목표는 분명하다. → 내 삶의 목표는 분명하다.

- 책의 제목이 인상적이다. → 책 제목이 인상적이다.
- 언어의 습득 속도는 저마다 다르다. → 언어 습득 속도는 저마다 다르다.

아무런 생각 없이 '의'를 사용하다 보면 문장이 단순해지기도 합니다. 생동감 넘치는 여타의 표현을 제쳐두고 '의'라는 편리한 선택을 해버린 탓이지요. '의'를 대신할 구체적인 표현은 없을지 한 번만 궁리해 보세요. 그렇다면 분명, 더 괜찮은 어휘를 떠올릴 수 있을 테니까요.

- 친구와의 약속이 있다. → 친구를 만나기로 약속했다.
- 인생에서의 고난도 소중하다. → 인생을 살며 겪은 고난도 소중하다.
- 회사의 발전이 눈부시다. → 회사가 발전하는 모습이 눈부시다.

여러분이 더 나은 문장을 쓰시기를 바라는 마음에서 이런저런 이야기를 길게 늘어놓았는데요. 무엇이든 남용하지만 않으면 괜찮으니 부담 갖지 마세요. '-적'과 '의'를 아예 안 쓰기는 어렵고, 그렇다고 너무 많이 쓰면 어색할 것 같아 고민이었는데, 과도하게 사용하지만 않으면 괜찮다고 하니, 완전 럭키비키지요?

원칙 정리

- '-적'은 한자어와 어울려 쓰인다.
- 문장이 어색하지 않은 선에서 '-적'과 '의'를 삭제하자.

연습 문제

- 그와 나는 일적으로 만난 사이야.

    →

- 해외여행을 다니며 문화적 충격을 받았다.

    →

- 새로운 직장에서의 업무가 버겁다.

    →

정답 그와 나는 업무적으로 · 일로 만난 사이야. | 해외여행을 다니며 문화 충격을 받았다. | 새로운 직장에서 맡은 업무가 버겁다.

기댈 곳이 필요한 '의존 명사'

✕	○
나름대로 이유가 있다.	내 나름대로 이유가 있다.
딴에는 한다고 했다.	제 딴에는 한다고 했다.
그녀와 헤어졌다. 때문에 마음이 힘들다.	그녀와 헤어졌기 때문에 마음이 힘들다.

성인은 자립적인 존재입니다. 혼자서 밥 먹고, 혼자서 돈 벌고, 혼자서 여행도 갈 수 있지요. 반면, 아이는 의존적인 존재입니다. 양육자가 차려주는 밥을 먹고, 양육자가 건네는 용돈을 받으며, 코앞에 있는 놀이터에 나가더라도 양육자의 허락을 구해야 합니다. 혹독한 세상을 아이 혼자 살아가기에는 무리가 따르기에 의지할 대상이 필요한 것이지요.

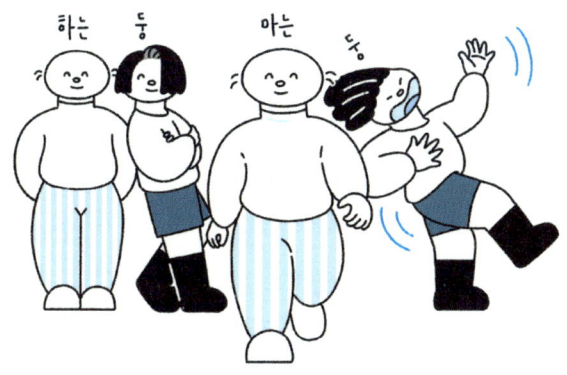

성인이 자립적으로 살아가듯, 다른 말의 도움을 받지 않고 단독으로 쓸 수 있는 단어가 있습니다. '병원·의자·사랑'과 같은 단어가 그렇지요. 이를 '자립 명사'라고 합니다. 반면, 아이가 의존적으로 살아가듯, 다른 말에 반드시 기대어 써야 하는 단어가 있는데요. '그럴 리 없다'라는 문장에서 '리'라든지, '하는 둥 마는 둥 했다'라는 문장에서 '둥'이 그렇습니다. 보시다시피 '리'는 '그럴'에, '둥'은 '하는'과 '마는'에 기대고 있지요? 이를 '의존 명사'라고 한답니다.

의존 명사를 단독으로 사용하면 '리 없다'라든지 '둥 둥 했다'처럼 이상한 문장이 되어버립니다. 그런데 그거 아시나요? '나름대로 이유가 있다' '딴에는 한다고 했다' '그녀와 헤어졌다. 때문에 마음이 힘들다'처럼, 우리가 아무런 의심 없이 쓰는 문장도 만만치 않게 이상하다는 사실을 말입니다.

① **나름**

'나름'은 각자가 가지고 있는 고유의 방식이나 생각을 나타내는 의존 명사입니다. 의존 명사는 반드시 다른 말에 기대어 써야 한다고 앞서 말씀드렸지요? 그러니까 나름은 나름인데 '어떤 나름'인지 명확히 나타내야 한다는 이야기입니다.

- 나름대로 이유가 있다. → 내 나름대로 이유가 있다.
- 그는 나름의 방식으로 공부했다. → 그는 그 나름의 방식으로 공부했다.
- 책도 나름이야. → 책도 책 나름이야.

② **딴**

'딴'은 자기 나름대로의 생각이나 기준을 나타내는 의존 명사입니다. '나름'과 비슷한 말이라고 할 수 있지요. 그렇다면 이 역시 딴은 딴인데 '어떤 딴'인지 명확하게 밝혀줘야겠지요? 이때, '어떤'의 자리에는 '내·제·자기'처럼 사람을 가리키는 말이 들어간다는 사실도 함께 알아두세요.

- 딴에는 정말 최선을 다해 일했다. → 내 딴에는 정말 최선을 다해 일했다.
- 여행을 못 가게 해서 딴에 화가 났나 봐. → 여행을 못 가게 해서 제 딴에 화가 났나 봐.
- 딴으로는 잘한다고 했겠지. → 자기 딴으로는 잘한다고 했겠지.

③ **때문**

'때문'은 앞에 오는 말이 뒤에 오는 일의 원인임을 나타내는 의존 명사입니다. 그러니까 '때문'의 앞에는 원인이 될 만한 말이 반드시 등장해야 하겠지요? 그런데 '때문'을 다음과 같은 형식으로 사용하는 경우를 종종 보게 됩니다.

- 그녀와 헤어졌다. 때문에 마음이 아프다.

'때문' 앞에 '그녀와 헤어졌다'는 문장이 왔으니, 원인이 될 만한 말이 등장한 것 같지만 그렇지 않습니다. '그녀와 헤어졌다'라는 문장 끝에 마침표가 떡하니 찍혀 있는 모습이 잘 보이시지요? 두 문장은 서로 나뉘어 있기에 '때문'이 기댈 말이 없는 것과 마찬가지입니다. 이 문장을 바르게 고치는 세 가지 방법을 추천해 드릴 테니 마음에 드는 것으로 골라보세요.

- → 그녀와 헤어졌기 때문에 마음이 아프다. (한 문장으로 만들기)
- → 그녀와 헤어졌다. 이별 때문에 마음이 아프다. (두 문장을 유지하고 싶다면 '때문' 앞에 원인 넣기)
- → 그녀와 헤어졌다. 그래서 마음이 아프다. ('때문' 대신 접속사 넣기)

눈썰미가 좋은 분이라면 이미 눈치채셨을 텐데요. 의존명사는 앞말과 띄어 씁니다. 앞말에 슬쩍 기댈 뿐, 꼭 붙어 있지 않는다고 생각하면 쉽게 기억할 수 있겠지요?

원칙 정리

- '나름·딴·때문' 따위의 의존 명사 앞에는 기대어 쓸 수 있는 말이 있어야 한다.

연습 문제

- 나는 나름대로 계획을 세웠어.

    →

- 딴에는 부지런히 했다던데?

    →

- 늦잠을 잤다. 때문에 지각했다.

    →

정답 나는 내 나름대로 계획을 세웠어. | 제 딴에는 부지런히 했다던데? | 늦잠을 잤기 때문에 지각했다. · 늦잠을 잤다. 버스를 놓쳤기 때문에 지각했다. · 늦잠을 잤다. 그래서 지각했다.

두 얼굴의 '만큼·대로·뿐'

✗	○
집이 대궐 만큼 크네.	집이 대궐만큼 크네.
너는 너 대로 살아.	너는 너대로 살아.
입만 나불거릴뿐 행동은 하지 않는구나.	입만 나불거릴 뿐 행동은 하지 않는구나.

책의 첫 장을 장식했던 '문장의 조수, 조사' 편을 기억하시나요? 기억이 가물가물할 분들을 위해 간략하게 짚어보자면, 조사는 어떠한 단어 뒤에 조수처럼 딱 붙어서 뜻이 잘 드러나게 도와주거나, 앞선 단어와 이어지는 단어의 관계를 보여주는 역할을 한다고 말씀드렸습니다. 이전 장에서 살펴본 '기댈 곳이 필요한 의존 명사'의 내용은 모두 기억하고 계시겠지요? 의존 명사는 앞말과 띄어 쓴다고 말씀드렸습니다. 앞선 단어에

슬쩍 기대어 쓰일 뿐, 꼭 붙지는 않는다고 하면서 말이지요.

그런데 여기에서 자그마한 문제가 하나 발생하는데요. '만큼·대로·뿐'은 '조사'인 동시에 '의존 명사'이기도 하다는 점입니다. 이 말인즉, 경우에 따라 붙여쓰기도 하고 띄어쓰기도 한다는 이야기지요. 우리 모두가 헷갈리는, 그래서 제대로 지키는 사람이 거의 없는 띄어쓰기. 대세를 따라 은근슬쩍 넘어가고 싶겠지만, 차근차근 공부해 중급까지 왔으니 다시금 힘을 내보세요. 공든 탑을 무너뜨리기에는 아깝잖아요.

자자, 언제 붙여 쓰고 언제 띄어 써야 하는지 쉽게 기억할 수 있는 방법이 있으니, 집중! '조사'는 어떠한 단어 뒤에 조수처럼 딱 붙는다고 누누이 말씀드렸지요? 여기에서 '어떠한'에 해당하는 단어는 다음과 같습니다.

- 명사 : '친구·학교·자동차'처럼 사람이나 사물의 이름을 나타내는 말
- 대명사 : '나·우리·저것'처럼 사람이나 사물의 이름을 대신하여 나타내는 말
- 수사 : '하나·첫째·둘째'처럼 사물의 수량이나 차례를 나타내는 말

이 세 가지를 묶어 '체언'이라고 하는데요. 몸 체(體), 말씀 언(言) 자를 쓴다는 사실을 알면 체언이라는 단어가 조금 더 친근하게 다가오시려나요? 체언은 문장에서 몸과 같은 역할을 합니다. 중심을 딱 잡고 있기에 모양이 변하지 않지요. 그러니까 지금까지의 이야기를 정리해 보자면, 조사는 변함없는 단어 뒤에 조수처럼 딱 붙는다고 할 수 있겠네요. 여기까지 이해하셨다면 이다음은 식은 죽 먹기입니다.

'만큼·대로·뿐' 앞에 쓰인 단어를 살펴본다.
- 변함없는 단어가 쓰였다면 조사니까 붙여 쓴다.
- 그렇지 않다면 의존 명사니까 띄어 쓴다.

백문이 불여일견. 예문을 살펴보며 위의 내용을 적용해 볼까요?

① **만큼**
 - 집이 대궐만큼 크네.
 - 그를 사랑한 만큼 아팠다.

    첫 번째 예문은 '만큼' 앞에 '대궐'이라는 단어가 쓰였습니다. '대궐'은 변함없는 단어니까 '만큼'은 조사겠네요. 이때는 붙여 씁니다. 두 번째 예문은 '만큼' 앞에 '사랑한'이라는 단어가 쓰였습니다. '사랑한'은 '사랑하다'가 변한 단어니까 '만큼'은 의존 명사겠네요. 이때는 띄어 쓰면 됩니다.

② **대로**
- 너는 너대로 살아.
- 지칠 대로 지쳤어.

    첫 번째 예문은 '대로' 앞에 '너'라는 단어가 쓰였습니다. '너'는 변함없는 단어니까 '대로'는 조사겠지요. 붙여 씁니다.

두 번째 예문은 '대로' 앞에 '지칠'이라는 단어가 쓰였습니다. '지칠'은 '지치다'가 변한 단어니까 '대로'는 의존 명사겠네요. 띄어 쓰면 됩니다.

③ **뿐**

- 가진 것은 실력뿐이다.
- 입만 나불거릴 뿐 행동은 하지 않는구나.

드디어 마지막입니다. 첫 번째 예문에서 '뿐' 앞에 '실력'이라는 단어가 쓰였습니다. '실력'은 변함없는 단어니까 '뿐'은 조사겠지요? 붙여 씁니다. 두 번째 예문은 '뿐' 앞에 '나불거릴'이라는 단어가 쓰였습니다. '나불거릴'은 '나불거리다'가 변한 단어니까 '뿐'은 의존 명사겠네요. 띄어 쓰면 되겠습니다.

살짝 복잡하기는 하지만 그렇다고 엄청나게 어렵지는 않죠? 이 책을 보며 전국 각지에서 고개를 끄덕거리고 계실 여러분의 모습을 상상하니 제 마음이 다 뿌듯하네요. 역시 중급자다우십니다.

원칙 정리

- '만큼·대로·뿐' 앞에 변함없는 단어가 쓰였다면 조사니까 붙여 쓰고, 그렇지 않다면 의존 명사니까 띄어 쓴다.

연습 문제

- 너 만큼 뻔뻔한 사람이 또 있을까? (ㅇ / ×)
- 집에 도착하는 대로 연락할게. (ㅇ / ×)
- 내 길을 묵묵히 걸어갈 뿐이다. (ㅇ / ×)

정답 × | ㅇ | ㅇ

글맛을 살리는 단위

할머니의 몸이 부쩍 약해졌다는 이야기에 한약 한 제 지어 시골집을 찾았다. "아이고, 우리 강아지 왔어! 그냥 오지 뭘 이런 걸 가져와." 할머니는 눈가에 글썽이는 눈물을 소맷부리로 닦아내고는 서둘러 부엌으로 걸음을 옮기셨다. "아가, 저쪽에서 신문 좀 가져오너라." 할머니는 내가 건넨 신문을 바닥에 넓게 펼치며 생선 구울 채비를 하셨다. "고등어 한 손은 먹어야 먹은 것 같지." 뜨겁게 달궈진 프라이팬 위에 고등어를 턱 얹자 지글지글 소리가 맛깔나게 들려왔다.

부엌에는 이미, 갈비며 잡채 같은 음식이 잔뜩 준비되어 있었다. 구십 고개를 넘긴 할머니가 이 많은 음식을 혼자 다 준

비하셨다는 생각에 코끝이 찡해졌다. "할머니, 뭘 이렇게 많이 하셨어요." "뻐쩍 말랐으니 잔뜩 먹여야지." 할머니는 당신만의 계획이 있다는 듯 나를 부엌 밖으로 내쫓았다. 뭐라도 거들고 싶어 자꾸만 부엌을 기웃거리자 할머니가 일거리를 주셨다. 밥상 위에 수저 세 벌을 놓고, 배추김치 한 보시기를 올린 다음, 두부 한 모를 몽땅 썰어 넣은 된장찌개도 옮겨두었다.

모락모락 김이 오르는 고등어가 곧이어 상에 올랐다. 상이 다 차려지기도 전에 밥 두어 술을 먼저 뜬 할아버지에게 할머니가 지청구를 주셨다. "쌈 싸 먹게 장독대에 가서 고추장이나 한 종지 퍼와요!" 툴툴거리며 자리에서 일어나는 할아버지의 모습에 웃음이 새어 나왔다. 그릇마다 가득했던 음식은 금세 동이 났다. 빈 그릇을 주섬주섬 그러모아 부엌으로 향했던 할머니가 고깃국 한 대접을 새로 퍼오셨다. "할머니, 배 터질 것 같아요!"

밤이 이슥히 깊어지자 할아버지가 장롱에서 이불 한 채를 꺼내 아랫목에 깔아주셨다. 할아버지는 몇 아름이나 되는 장작으로 바닥을 달구어 놓았으니 밤새 식지 않을 거라며, 혹시라도 추우면 당신을 깨우라고 신신당부하며 자리를 뜨셨다. 시렁 위에는 내가 어릴 적 읽던 전래 동화 한 질이 고스란히 놓여 있었다. 할머니는 어린 시절의 나를 그리워하시는 걸까. 추억을 떠올리며 책을 꺼내 읽다가 나도 모르게 잠이 들었다.

새벽 어스름에 눈을 떴다. 할머니는 열무 댓 단과 마늘 한 접을 부지런히 다듬고 계셨다. 내가 좋아하는 열무김치를 담가 들려 보내려는 것이었다. 식탁 위에는 웬 보따리가 놓여 있었다. 이게 다 뭐냐는 나의 물음에 할머니가 손사래를 치셨다. "이거는 김 세 톳이랑 조기 한 두름. 저거는 나물이랑 오곡밥. 열무까지 하면 세 보따리밖에 안 돼." 그러고는 흙 묻은 손을 앞치마에 툭툭 털더니 검은 봉지에서 밤 한 톨을 꺼내 오셨다. 정월 대보름이니 부럼을 깨물어야 하지 않겠냐면서. 얼굴을 잔뜩 찡그리며 밤을 깨물었다. 할머니는 그런 내 머리를 쓰다듬으며 미소를 지으셨다. "우리 손주 더위 내가 사 갈게요."

할머니의 사랑이 가득 담긴 보따리를 차에 실었다. "되로 주고 말로 받았네. 잘 먹을게요, 할머니." 할머니는 나를 품에 꼭 안고서 연신 등을 쓸어내리셨다. "그래, 차 조심하고. 서울 도착하면 연락하거라." 운전석에 앉아 안전벨트를 매고 옷매무새를 다듬었다. 가슴팍에 찍힌 할머니의 눈물 도장을 그제야 발견하고는 머리를 쓸어 넘기는 척 눈가를 훔쳤다.

———

어휘 공부를 하던 중 난데없이 소설이 등장해 깜짝 놀라셨지요? '단위'와 관련된 어휘가 얼마나 풍부한지 보여드리고자 이야기를 만들어 보았답니다. 파랗게 표시한 단위 중 이미 알고 있는 어휘도, 처음 접하는 어휘도 있으리라는 생각이 드는데요. 알고 있더라도 일상에서 잘 사용하지 않기도 하지요. '종지·보시기·대접' 같은 단어를 알면서도 '그릇'으로 뭉뚱그려 말하는 것처럼 말이지요.

물론 '그릇'이라고 말씀해도 틀린 것은 아니지만 '고추장 한 그릇·배추김치 한 그릇·고깃국 한 그릇'이라고 말하면 어쩐지 밋밋한 느낌이 듭니다. 게다가 '고추장 한 그릇'이라고 하면 어마어마하게 많은 양처럼 느껴지기도 하고요. 보시다시피 단위를 적확하게 사용하면 글이 더욱 명확해지고 우리말의 맛도 살아난답니다.

다음 108쪽에 소설에 등장한 단위의 의미를 정리해 두었으니 잘 익혀두었다가 기회가 될 때 사용해 보세요. 구수한 단위들이 훌륭한 조미료가 되어 여러분의 글을 맛깔나게 만들어 줄 테니까요.

원칙 정리

- 단위를 적확하게 사용하면 글이 더욱 명확해지고 우리말의 맛이 살아난다.

연습 문제

- 고등어 두 손은 몇 마리일까요?

    →

- 마늘 한 접은 몇 개일까요?

    →

- 김 세 톳은 몇 장일까요?

    →

정답 네 마리 | 통마늘 백 개 | 삼백 장

글맛을 살리는 단위 어휘 20

단위	의미
고개	오십 고개와 같이 중년 이후 열 단위만큼의 나이를 비유적으로 이르는 말.
단	짚, 땔나무, 채소 따위의 묶음을 세는 단위.
대접	국이나 물을 그릇에 담아 그 분량을 세는 단위.
되	곡식, 가루, 액체 따위의 부피를 잴 때 쓴다. 한 되는 1.8리터에 해당한다.
두름	물고기를 한 줄에 열 마리씩 두 줄로 엮어 스무 마리씩 세는 단위.
말	곡식, 가루, 액체 따위의 부피를 잴 때 쓴다. 한 말은 한 되의 열 배로, 18리터에 해당한다.
모	두부나 묵 따위를 세는 단위.
벌	옷, 그릇, 수저 따위가 두 개 또는 여러 개 모여 갖추는 덩어리를 세는 단위.
보따리	보자기에 꾸린 뭉치를 세는 단위.
보시기	김치나 깍두기를 그릇에 담아 그 분량을 세는 단위.

손	한 손에 잡을 만한 분량을 세는 단위. 고등어 한 손은 큰 것 하나와 작은 것 하나를 합한 것, 미나리 한 손은 한 줌 정도의 양을 의미한다.
술	밥 따위의 음식물을 숟가락으로 떠 그 분량을 세는 단위.
아름	두 팔을 둥글게 모아 만든 둘레 안에 들 만한 분량을 세는 단위.
접	채소나 과일 따위를 묶어 세는 단위. 한 접은 채소나 과일 백 개를 이른다.
제	한약의 분량을 나타내는 단위. 한 제는 탕약 스무 첩(봉지에 싼 약의 뭉치)이다.
종지	간장이나 고추장 따위를 그릇에 담아 그 분량을 세는 단위.
질	여러 권으로 된 책의 한 덩어리를 세는 단위.
채	집, 큰 기구, 가구, 이불 따위를 세는 단위.
톨	밤이나 곡식의 낱알을 세는 단위.
톳	김을 묶어 세는 단위. 한 톳은 김 백 장을 이른다.

거시기가 참말로 서울말이라고?

✗	○
오늘은 시간이 널널해.	오늘은 시간이 넉넉해.
저번주에 고향에 다녀왔어.	지난주에 고향에 다녀왔어.
세계를 놀래킬 아이돌이 등장했다.	세계를 놀랠 아이돌이 등장했다.

예능 프로그램 〈라디오 스타〉에서 가수 규현과 이홍기가 일본어로 유창하게 이야기를 나눴습니다. 이를 본 윤종신이 그들을 부러워하며 유세윤에게 말했습니다. "우리는 평생 우리말만 쓰고 살겠지?" 그러자 유세윤이 우리도 삼 개 국어를 쓰고 있다며 이렇게 대답했습니다. "핸들 이빠이 꺾어." 영어, 일본어, 한국어가 적절하게 어우러진 그 문장이 얼마나 웃기던지 방바닥을 데굴데굴 구르며 박장대소했답니다. 그런데 그거 아

시나요? 알고 보면 '핸들 이빠이 꺾어'와 비슷한 유형의 단어가 많다는 사실!

최후 방어선을 뜻하는 '마지노선'은 '안드레 마지노(Maginot. A)'라는 프랑스 육군 장관 이름에 '줄 선(線)'이 결합한 말입니다. 제1차 세계 대전 후, 마지노의 건의로 국경에 방어선이 구축되었기에 이러한 단어가 탄생한 것이지요. 자선 사업 기금을 모으기 위해 벌이는 시장인 '바자회'는 장터를 뜻하는 페르시아어 'Bazaar'에 '모일 회(會)'가 결합한 말이고요. 폭력을 쓰면서 행패를 부리는 무리인 '깡패'는 범죄 조직을 뜻하는 영어 'gang'에 '패 패(牌)'가 결합해 만들어진 말이랍니다.

어원을 알고 나니 재미있으면서도 황당하기 짝이 없지요? 여태껏 진지하게 공부해 왔으니, 머리도 식힐 겸 재미난 단어를 몇 가지 더 준비해 보았습니다. 표준어인 줄 알았는데 알고 보니 사투리인 단어도 있고, 사투리인 줄 알았는데 알고 보니 표준어인 단어도 있으며, 인터넷 용어인 줄 알았건만 엄연한 바른 말이었던 단어도 있습니다. 가벼운 마음으로 찬찬히 살펴보며 재미와 황당함을 동시에 느껴보세요.

① **표준어 같지만 사투리인 단어**

시간적, 공간적으로 빠듯하지 않을 때 '널널하다'는 표현을 애용합니다. 그러나 이는 '널찍하다'의 방언이라고 하네요. 원래의 의도를 살려 표준어로 쓰고 싶다면 '여유 있다' 혹은 '넉넉하다'라고 말씀하셔야겠습니다. 키가 큰 사람을 가리킬 때 '기럭지가 길다'고 말하기도 하지만 이는 '길이'의 방언이고요. 이메일을 쓸 때 밥 먹듯이 등장하는 '저번주'는 '지난주'로 써야 합니다.

분위기가 좋지 않을 때 '쎄하다'는 말, 자주 사용하시지요? 이 단어의 표준어는 '싸하다'인데요. 사실, 이 단어에는 '아리다'는 뜻이 있을 뿐 '분위기'와는 별다른 관련이 없답니다. '쎄하다'라는 말을 표준어로 쓴다면, '석연치 않다·찜찜하다·이상하다'라는 표현으로 대체할 수 있으니 참고해 보세요.

저를 가장 놀라게 했던 말은 단연 '놀래다'인데요. 흔히, 다른 사람을 놀라게 할 때 '놀래키다'라고 말하지만 이는 방언입니다. 바른 표기는 '놀래다'라고 하네요. 다음 예문들처럼 말입니다.

- 세계를 놀래킬 아이돌이 등장했다. → 세계를 놀랠 아이돌

이 등장했다.

- 몰래 숨어 있다가 놀래켜 주자. → 몰래 숨어 있다가 놀래 주자.
- 왜 사람을 놀래켜? → 왜 사람을 놀래?

이리 보고 저리 보아도 어색하다면, 머리로는 알겠지만 직접 쓰지는 못하겠다면, '놀래다' 대신 '놀라게 하다'라고 바꾸어 써보세요.

→ 세계를 놀라게 할 아이돌이 등장했다.
→ 몰래 숨어 있다가 놀라게 해주자.
→ 왜 사람을 놀라게 해?

'놀래키다'라는 자연스러운 말을 두고서 어째서 이런 수고를 감수해야 하는지 사실은 저도 납득이 되지 않습니다. 전 국민이 '놀래키다'를 꾸준히 사용하다 보면 언젠가는 표준어가 될지도 모르지요. '자장면'만이 바른 말이라고 고집을 부리던 국립국어원이 '짜장면'도 표준어로 인정해 준 것처럼 말입니다.

② **사투리 같지만 표준어인 단어**

"너 나랑 같은 중학교 나온 <u>거시기</u> 아니야? 이렇게 만나니까 <u>참말</u>로 반갑네. <u>시방</u> 시간 있으면 커피 한잔 대접할게. 내가 여기 사장이거든. <u>아따</u>, 그러지 말고 딱 삼십 분만."

문장이 다소 구수하지만, 표시한 단어들은 놀랍게도 표준어입니다. 각각의 단어를 우리의 일상에 더욱 가깝게 바꾼다면 '저기·진짜·지금·에이' 정도가 되겠네요. "죄송하지만 기억이 잘…. 성의는 고맙지만 <u>일없습니다</u>." '일없다'는 표현을 들어본 적 있으신가요? 어쩐지 북에서 건너온 단어 같지만 '일없다' 역시 표준어랍니다. '소용이나 필요가 없다'는 뜻을 지니고 있지요.

③ **인터넷 용어 같지만 표준어인 단어**

'주작'은 없는 사실을 꾸며 만들 때, '꼽사리'는 남이 노는 판에

거저 끼어들 때 쓸 수 있는 표준어입니다. '쌔고 쌨다'는 '쌓이고 쌓이다'가 줄어든 말로, 무엇이 쌓여 있을 만큼 퍽 흔하게 있음을 뜻하는 말이고요. '헐하다'는 "헐!"이라는 감탄사와는 아무런 연관이 없습니다. '값이 싸다·일 따위가 힘이 들지 않고 수월하다·대수롭지 않거나 만만하다'를 뜻하는 말이거든요. 그러니까 '중고 책값이 헐하다·이번에 맡은 일은 헐한 편이야·헐하게 대해도 되는 사람은 없어'처럼 쓸 수 있습니다.

가장 흥미로운 단어는 뭐니 뭐니해도 '머'인데요. 문자 메시지를 보낼 때마다 '뭐'를 '머'라고 쓰는 친구가 어찌나 거슬리던지요. 그런데 '머'는 '뭐'를 일상적으로 이르는 말이라는 사실을 뒤늦게 알고는 적잖은 충격을 받았답니다. 그러니까 누군가 아래와 같은 문장을 메시지로 보냈을 때, '뭐'라고 바로 잡아주려는 시도는 하지 않아도 괜찮겠습니다.

- 머 먹을래? (○)
- 그 사람이 머라고 그랬는데? (○)
- 그게 머야? (○)

지금까지, 의외의 사투리와 놀라운 표준어를 살펴봤습니

다. 하지만 이러한 구분이 옳고 그름을 가르는 기준이 되어서는 안 됩니다. 표준어는 의사소통의 편의를 위한 약속임에 틀림없지만, 방언은 각 지역의 특색과 문화를 담고 있는 소중한 언어 자산이니까요.

원칙 정리

- 알고 쓰면 표준어든 사투리든 모두 귀한 우리말이다.

연습 문제

- 이 아파트는 주차 공간이 널널한 편이다.

  →

- 짜장면을 저번주 내내 먹었더니 질려.

  →

- 강아지를 놀래키지 마!

  →

정답 이 아파트는 주차 공간이 넉넉한·여유 있는 편이다. | 짜장면을 지난주 내내 먹었더니 질려. | 강아지를 놀래지 마!·강아지를 놀라게 하지 마!

준말 사용은 국룰

✕	◯
얘들아, 우리 뭐 먹을까?	얘들아, 우리 뭐 먹을까?
노트에 내 이름이 씌여 있었다.	노트에 내 이름이 쓰여/씌어 있었다.
단언건대 그는 그럴 사람이 아니야.	단언컨대 그는 그럴 사람이 아니야.

요즘 아이들이 줄임말을 남발한다며 어른들은 혀를 쯧쯧 찹니다. 그러나 우리 어른도, 매일 점심 식후마다 줄임말을 쓰곤 합니다. "아아? 뜨아?" 일분일초가 소중한 점심시간을 "아이스 아메리카노 마실래? 아니면 뜨거운 아메리카노 마실래?"라는 긴 문장으로 낭비할 수 없으니까요. 이는 자연스러운 현상입니다. 언어도 경제성을 추구합니다. 내용을 정확하게 전달할

수 있다면 짧고 간단한 것이 좋지 않겠습니까.

이러한 현상은 신조어에만 적용되는 것이 아닙니다. 표준어에도 단어의 일부분을 줄여 간략하게 만든 '준말'이 있거든요. '낼'은 '내일'의 준말이고 '일로'는 '이리로'의 준말입니다. 그러니까 "내일 이리로 와" 하고 말하는 대신 "낼 일로 와"라고 말해도 좋다는 이야기지요. 하지만 줄일 때 줄이더라도 제대로 줄여야 합니다. 우리 모두가 약속한 줄이기 방식을 어기면 말하고자 하는 바를 정확하게 전달할 수 없을 테니까요.

① **얘들아 vs 애들아**

'이 아이'의 준말은 '얘'입니다. '이 아이→이 애→얘' 순서로 줄어든 말이지요. 그러니까 가까이에 있는 특정한 아이들을 부를 적에는 "이 아이들아"를 줄여 "얘들아" 하고 말해야 옳습니다. 그런데 이를 "애들아"라고 말씀하시는 분이 더러 계시더군요. 이를 풀어 말하자면 "아이들아"가 될 텐데요. 이렇게 외칠 경우 온 사방에 있는 아이들이 우르르 몰려올 수도 있으니 주의하셔야겠습니다. 가까이에 있는 특정한 아이들을 콕 집어 부른 게 아니니까요. 복잡하게 느껴진다면 '얘'를 '이 아이'로 풀어 말해보세요.

- 애들아, 우리 뭐 먹을까? → 이 아이들아, 우리 뭐 먹을까? (○)
- 애야, 그럼 못 써. → 이 아이야, 그럼 못 써. (○)
- 윗집 애들은 참 얌전해. → 윗집 이 아이들은 참 얌전해. (×)

세 번째 문장이 아무래도 어색하지요? 이 문장을 '윗집 아이들'이라고 수정하면 자연스러울 테니, 이를 줄여 '윗집 애들은 참 얌전해'라고 말씀하시면 되겠습니다.

② **씌어 vs 쓰여**

'쓰이다'는 '글이나 글씨가 적히다'라는 뜻을 지닌 단어입니다. 이는 '쓰이어'로 활용할 수 있는데요. 이것을 더욱 줄여 '씌어' 또는 '쓰여'라고 말할 수 있습니다. '쓰이어'에서 '쓰이'가 줄면

'씌어'가 되고 '이어'가 줄면 '쓰여'가 되는 것이지요. '씌어'도 옳고 '쓰여'도 옳다 보니, 이 둘을 섞어 '씌여'라는 단어를 창조하는 분도 계시는데요. 이는 옳지 않은 준말이랍니다. '쓰이'를 줄이건 '이어'를 줄이건, 하나만 줄여주세요. 양쪽으로 줄이다 간 단어가 남아나지 않을 테니까요.

- 노트에 내 이름이 씌어 있었다. (○)
- 노트에 내 이름이 쓰여 있었다. (○)
- 노트에 내 이름이 씌여 있었다. (×)

'보이다·쏘이다·트이다'의 활용인 '보이어·쏘이어·트이어'에도 이와 같은 법칙이 적용된답니다. 위의 내용을 이해했다면, 가벼운 마음으로 훑고 지나갈 수 있으리라 믿어 의심치 않습니다.

- 보이어 → 뵈어/보여 → 선뵈었다. / 선보였다.
- 쏘이어 → 쐬어/쏘여 → 벌에 쐬었다. / 벌에 쏘였다.
- 트이어 → 틔어/트여 → 시야가 틔었다. / 시야가 트였다.

③ 만만치 vs 만만지

'울림소리'와 '안울림소리'에 대해 들어본 적 있으신가요? 어려울 것 하나 없습니다. 발음할 때 목청이 울리면 울림소리이고, 그렇지 않다면 안울림소리거든요. 자음 중에서는 'ㄴ·ㄹ·ㅁ·ㅇ'이 울림소리에 해당합니다. 이 초성을 쉽게 기억할 수 있는 어구를 곰곰이 생각해 봤는데요. 작업하다가 저장하는 걸 까먹어 작업물을 통째로 '날려먹은' 적 있으신가요? 생각만 해도 아찔하지요. '날려먹음'. 'Ctrl+S'의 중요성을 일깨우며, 울림소리까지 자연스레 외우게 하는 표현이 아닐까 싶습니다.

자, 이제 본론으로 들어가 볼까요? 여러분이 작업하다가 작업물을 날려먹었다면 여러분의 입에서는 거센소리와 고운소리 중 어떤 것이 튀어나올까요? 두말하면 잔소리, 거센소리가 튀어나올 것입니다. 그러니까 '날려먹음'과 '거센소리'는 떼려야 뗄 수 없는 관계라고 할 수 있지요.

'만만하지'의 준말이 '만만치'인지 '만만지'인지 헷갈린다면 '하' 바로 앞에 있는 글자의 받침을 확인해 보세요. 받침에 '날려먹음'이 있다면 거센소리가 뒤따라오고, 그렇지 않다면 고운 소리가 뒤따라오거든요. '만만하지'의 '하' 바로 앞에 있는 글자는 '만'입니다. '만'의 받침은 'ㄴ'으로 '날려먹음' 중 하나가 있으니 거센소리인 '치'를 사용하여 '만만치'라고 말씀하시면 되겠지요?

그렇다면 '생각하지'는 어떻게 줄여야 할까요? '생각하지'의 '하' 바로 앞에 있는 글자는 '각'입니다. '각'의 받침은 'ㄱ'으로 '날려먹음'이 없으니 고운 소리인 '지'를 사용하여 '생각지'로 줄이면 되겠습니다. 두 가지 예시로는 부족할까 싶어 몇 가지 더 준비해 봤으니, 살펴보며 올바른 준말을 익혀보세요.

- 간편하게 : '하' 앞에 놓인 '편'의 받침에 '날려먹음'이 있으니 거센소리 사용 → '간편케'
- 거북하지 : '하' 앞에 놓인 '북'의 받침에 '날려먹음'이 없으니 고운 소리 사용 → '거북지'
- 단언하건대 : '하' 앞에 놓인 '언'의 받침에 '날려먹음'이 있으니 거센소리 사용 → '단언컨대'
- 생각하건대 : '하' 앞에 놓인 '각'의 받침에 '날려먹음'이 없으니 고운 소리 사용 → '생각건대'

준말을 바르게만 쓴다면 언어생활이 한결 편리해질 테니

이번 기회에 잘 익혀두시면 좋겠죠? 준말 사용은 국룰입니다. 국룰이 뭐냐고요? 아이, 참. 국가 룰! 보편적으로 정해진 규칙이라고요.

원칙 정리

- 가까이에 있는 특정한 아이들을 부를 적에는 '이 아이들아'를 줄여 '얘들아'라고 한다.
- '쓰이어'에서 '쓰이'가 줄면 '씌어'가 되고 '이어'가 줄면 '쓰여'가 된다.
- '-하-'를 줄여 준말을 만들 때 그 앞의 받침에 '날려먹음'이 오면 거센소리가 뒤따라온다.

연습 문제

- 그 얘들은 아직 안 왔어?

  →

- 산에 오르니 가슴이 탁 틔였다.

  →

- 추정건대 집값은 꾸준히 오를 것이다.

  →

정답 그 애들은 아직 안 왔어? | 산에 오르니 가슴이 탁 틔었다 · 트였다. | 추정컨대 집값은 꾸준히 오를 것이다.

김 부장 개는 말이야

✗	◯
우리 부인은 친정에 갔어.	우리 아내는 친정에 갔어.
저희 선친은 건강하세요.	저희 부친은 건강하세요.
저는 푸름이 담임 선생님이에요.	저는 푸름이 담임이에요.

출판사 미팅 중에 있었던 일입니다. 커피를 마시며 도란도란 이야기를 나누던 중 테이블 위에 올려둔 마케터님의 휴대폰이 울렸지요. 순간, 모두의 시선이 휴대폰으로 쏠렸습니다. 저는 화면 속에 떠오른 '각시♡'라는 글자를 보고 방긋 미소를 지었습니다. "각시? 진짜 오래간만에 듣는 단어네요." 귀까지 빨갛게 달아오른 마케터님은 휴대폰을 손에 쥐고 도망치듯 자리를 피했고, 그런 그의 모습에 모두가 웃음을 터뜨렸답니다.

여러분은 '아내' 혹은 '남편'을 무어라 부르시나요? 또 남에게 말할 때는 무어라고 이르시나요? 이러한 질문을 하는 이유는 우리말에 '호칭어'와 '지칭어'가 존재하기 때문입니다. '호칭어'는 내가 상대를 직접 부를 때 사용하는 말이고 '지칭어'는 다른 사람과 대화하며 누군가를 가리킬 때 쓰는 말인데요. 두 단어가 다를 때도, 같을 때도 있기에 여간 헷갈리는 것이 아니지요. 사돈의 팔촌까지 알아보면 좋겠지만, 자주 보는 사람들을 부르고 가리키는 말부터 익히는 것이 우선이겠지요?

① **부부**

부부는 세상에서 가장 가까운 사이입니다. 두 사람이 서로를 뭐라고 부르건 그들의 자유이지요. 다만, 남편을 '오빠'라고 부르면 엉뚱한 '친오빠'가 대답할 수도 있으니 지양하는 것이 좋습니다. '자기'라고 불러도 나쁘지 않지만 저처럼 독수공방하는 사람 앞에서는 각별한 주의를 기울여 주세요. 듣는 이의 심기가 불편할 수도 있거든요. 서로를 부르는 가장 무난한 표현은 뭐니 뭐니 해도 '여보'가 되겠습니다.

다른 사람과 대화할 때 "우리 신랑이…" 하며 남편 이야기를 꺼내는 경우가 있는데요. '신랑'은 '결혼한 지 얼마 되지 않은 남자'를 뜻하는 말이기에 그다지 적합하지 않습니다. 남편이 아내 이야기를 할 때 "우리 신부가…" 하고 말하지 않는 것을 생각해 보면 이해가 가시려나요. 대한민국에서 부부가 서로 가리키는 말로는 '남편'과 '아내'가 적합합니다.

이따금 '마누라'나 '와이프'와 같은 단어를 사용하는 남편분도 계시는데요. '아내'라는 다정다감한 표현을 두고 굳이 저 단어들을 사용해야 할 필요가 있을까요? 이것도 별로고 저것도 별로라면 차라리 '각시'라고 하십시오. 그것은 허용하겠습니다. 참, 자기 아내를 가리킬 때 '부인'이라는 단어를 사용하지 말아주세요. '부인'은 남의 아내를 높여 일컫는 말이거든요.

- 아내를 부르는 말 : 여보, ○○[자녀 이름] 엄마, ○○[손주 이름] 할머니
- 아내를 가리키는 말 : 아내, 처
- 남편을 부르는 말 : 여보, ○○[자녀 이름] 아빠, ○○[손주 이름] 할아버지
- 남편을 가리키는 말 : 남편, 그이

② **부모**

저는 저희 부모님을 '엄마' '아빠'라고 부릅니다. 다른 사람과 대화할 때도 그렇게 가리키지요. 아무래도 아이들이 쓰는 말 같아서 '어머니' '아버지'라는 점잖은 표현을 써야 하나 고민한 적도 있습니다만, 격식을 갖춰야 하는 자리가 아니라면 '엄마' '아빠'라고 편히 말해도 괜찮다고 하네요. 그러니까 여러분도 때와 장소에 따라 '엄마' '아빠' 혹은 '어머니' '아버지'라고 적절히 말씀하시면 되겠습니다.

이따금 "저희 어머님이 반찬을 보내주셨어요"와 같은 말을 듣기도 하는데요. 자기 부모를 남에게 높여 말하는 것은 예의에 어긋나기 때문에 '어머님' '아버님'이 아닌 '어머니' '아버지'라고 가리키는 것이 옳습니다.

'아버지'라는 단어가 아무래도 가벼워 보이는지 "저희 선친은 건강하세요"와 같은 문장을 구사하는 분도 계시는데요. 이러한 이야기를 아버지께서 들으신다면 노발대발하실 수도 있습니다. '선친'은 돌아가신 아버지를 가리키는 말이거든요. 아버지를 정중하게 이르고 싶다면 '부친'이라고 하셔야 옳겠습니다.

- 부모를 부르는 말 : 엄마/어머니, 아빠/아버지
- 부모를 가리키는 말 : 어머니/모친, 아버지/부친

③ 직장 동료

김승호 회장의 《돈의 속성》에서 읽은 이야기입니다. 김승호 회장은 어느 유명 사업가를 만나 대화를 나누며 깊은 감동을 받았답니다. 그런데 한 가지 마음에 걸리는 것이 있었다는데요. 그 사업가는 대화 중에 등장하는 모든 인물을 '걔'라고 가리켰다지요. 김승호 회장은 말했습니다. 말은 그 사람의 마음이 내보내는 냄새라고, 그것이 향기인지 악취인지는 표현하는 언어를 통해 알게 된다고 말입니다.

가족 이외에 가장 자주 만나는 사람은 친척도 아니요, 친구도 아닌, 직장 동료입니다. 일을 하며 사사건건 부딪치다 보면 서로를 미워하는 마음이 샘솟기 마련인데요. 미운 정도 정 아니겠습니까. 미운 정 듬뿍 든 그들을 아래와 같은 향기로운 언어로 부르고 가리켜 보세요. 이 말들을 미리미리 입에 붙여 두어야 '걔'라는 삿된 말이 튀어나오지 않을 테니까요.

- 상사를 부르거나 가리키는 말 : ○○[직함 이름]님, 선배님
- 동료를 부르거나 가리키는 말 : ○○[직함 이름]님, ○○[직함 이름], ○○○ 씨
- 부하를 부르거나 가리키는 말 : ○○[직함 이름], ○○○ 씨

이것을 기본으로, 직함 이름 앞에 성이나 이름을 넣어 부르거나 가리키면 되겠습니다. 서열을 강조하지 않는 직장에서는 '○○○ 님'과 같은 표현도 허용한다고 하니 분위기에 따라 적절히 사용하시면 되겠지요? 만일, 아이들을 가리키는 교사라면 추가로 알아두어야 할 점이 있는데요. "저는 ○○○의 담임 선생님이에요"라는 문장에서 '담임 선생님'보다는 '담임·담임 선생·담임 교사'와 같은 표현을 사용하는 편이 좋습니다. '선생님'은 자신을 높여 이르는 단어이기에 아무래도 쓰임이 어색하거든요.

국립국어원은 전통적으로 쓰인 호칭어나 지칭어를 따라도 좋고, 가족의 전통이나 자신이 처한 상황을 따라도 좋다고 말했습니다. 호칭어와 지칭어에 정답은 없으니, 엄격한 틀에 얽매이는 대신 서로를 자유롭게 부르고 이를 수 있기를 희망한다고 하더군요. 다만, 상대방을 배려하고 존중하는 선에서 말이지요.

원칙 정리

- '호칭어'는 내가 상대를 직접 부를 때 사용하는 말이고 '지칭어'는 다른 사람과 대화하며 누군가를 가리킬 때 쓰는 말이다.
- 호칭어와 지칭어에 정답은 없으니 상대를 배려하고 존중하는 선에서 자유롭게 부르고 이르자.

연습 문제

- 우리 신랑은 오늘 늦는대.

    →

- 저희 선친의 회갑연에 초대합니다.

    →

- 김 부장 걔가 리더십이 있어.

    →

정답 우리 남편은 오늘 늦는대. | 저희 부친의 회갑연에 초대합니다. | 김 부장님은 리더십이 뛰어나.

고급 편

성숙한 언어 감각 기술

아버지가방에들어가시다

✗	○
저번에 갔던데 또 가자.	저번에 갔던 데 또 가자.
어디 한 번 해봐.	어디 한번 해봐.
먹을걸 가져오렴.	먹을 걸 가져오렴.
난 너 밖에 없어.	난 너밖에 없어.
오늘따라 장사가 안 되네.	오늘따라 장사가 안되네.

다시 돌아온 띄어쓰기 복습 시간! 초급 편에서는 '문장의 각 단어는 띄어 씀을 원칙으로 한다' 다만 '조사는 그 앞말에 붙여 쓴다'는 내용을 공부했습니다. 여기에서 더 나아가, 중급 편에서는 '의존 명사는 앞말과 띄어 쓴다'는 내용도 알아봤지요. 띄어쓰기 공부가 여기에서 끝난다면 얼마나 좋을까요. 하지만

세상이 그리 만만할 리 없지요.

사실, 한글 창제 당시에는 띄어쓰기가 없었습니다. 그런데 이를 불편하게 여긴 외국인 선교사가 한글에 띄어쓰기를 도입했지요. 문제는, 각 단어를 띄어 쓰는 영어식 띄어쓰기가 우리말에 다소 적합하지 않다는 점입니다. 한글은 영어와 다르게 어디서부터 어디까지가 단어인지 구분하기가 모호하거든요. 외국인… 당신이 뭘 알아!

띄어쓰기가 우리의 언어생활을 명료하게 해주었다는 의견도 있습니다. '아버지가방에들어가시다'라는 문장을 띄어쓰지 않으면 아버지가 방에 들어가시는 것인지, 아버지가 가

방에 들어가시는 것인지 알 수 없으니까요. '아버지가 가방에 들어가실 리 없잖아!' 하는 생각이 들기는 하지만, 가방에 들어가시는 아버지가 혹시라도 있을 수 있으니 띄어쓰기를 공부하는 편이 좋겠지요? 그러한 의미에서 띄어쓰기에 따라 의미가 달라지는 어휘 다섯 개를 준비해 보았답니다.

① 가는 데 vs 가는데

'저번에 갔던 데 또 가자·이건 배 아픈 데 먹는 약이야·취업하는 데 목적을 두고 있다'처럼 '장소·경우·것' 따위의 의미를 나타낼 때는 '데'를 앞말과 띄어 써야 합니다. 여기서의 '데'는 앞말과 띄어 쓰는 의존 명사거든요. 반면 '길을 가는데 큰 개가 달려들었어'처럼 다음 말에 연결하는 구실을 하거나, '나 오늘 제주도 가는데'처럼 문장을 끝맺을 때는 '데'를 붙여 씁니다. 사실은 그냥 '데'가 아니라 '-ㄴ데'이기 때문입니다.

'데'의 뒤에 조사 '에'를 붙여보면 이를 쉽게 구별할 수 있습니다. 앞서, 조사는 체언 뒤에 조수처럼 딱 붙는다고 말씀드렸지요? 체언은 '명사·대명사·수사'를 묶어 이르는 말이고요. 의존 명사도 명사이기 때문에 그 뒤에 조사가 따라붙을 수 있답니다. 그러니까 '데에'를 넣어 자연스럽게 읽힌다면 '데'가

의존 명사일 테니 앞말과 띄어 쓰고, 부자연스럽다면 앞말과 붙여 쓰면 되겠지요?

- 저번에 갔던 데 또 가자. / 저번에 갔던 데에 또 가자. (○) → '갔던 데'로 띄어 쓴다.
- 길을 가는데 큰 개가 달려들었어. / 길을 가는데에 큰 개가 달려들었어. (×) → '가는데'로 붙여 쓴다.

② 한 번 vs 한번

'한 번만 만나 줘'처럼 횟수를 나타낼 때는 띄어 써야 합니다. 반면 '어디 한번 해봐·언제 한번 놀러 갈게·말 한번 잘했다'처럼 '시도·기회·강조' 따위의 뜻을 나타낼 때는 붙여 써야 하고요. 이를 구별하는 방법은 간단합니다. '두 번'이라는 단어로 대체했을 때 자연스럽게 읽힌다면 '한 번'이 횟수를 나타내는 말일 테니 띄어 쓰고요, 부자연스럽다면 붙여 쓰면 된답니다.

- 한 번만 만나 줘. / 두 번만 만나 줘. (○) → '한 번'으로 띄어 쓴다.
- 어디 한번 해봐. / 어디 두 번 해봐. (×) → '한번'으로 붙여 쓴다.

참고로 '한 잔'과 '한잔'도 서로 다른 의미를 지니고 있답니다. '소주 딱 한 잔만 마실게'에서의 '한 잔'은 말 그대로 소주 한 잔을 뜻합니다. 그러나 '소주 한잔 어때?'에서의 '한잔'은 '간단하게 한 차례 마시는 차나 술'을 뜻하지요. 앞선 원리를 적용하여, '두 잔'이라는 단어로 대체했을 때 자연스럽게 읽힌다면 '한 잔'으로 띄어 쓰고, 부자연스럽다면 '한잔'으로 붙여 쓰면 되겠지요?

③ 먹을 걸 vs 먹을걸

'먹을 걸 가져오렴'처럼 '걸'이 '것을'의 준말로 쓰인 경우에는 앞말과 띄어 써야 합니다. 여기에서 '것'은 의존 명사거든요. 반면 '그 친구 매운 음식 잘 먹을걸·약을 미리 먹을걸'처럼 추측이나 후회를 나타내며 문장을 끝맺을 때는 붙여 씁니다. 그냥 '걸'이 아니라 '-ㄹ걸'이기 때문입니다. 이를 구별하는 방법 역시 간단합니다. '것을'이라는 단어로 대체했을 때 자연스럽게 읽힌다면 '걸'이 의존 명사일 테니 앞말과 띄어 쓰고, 부자연스럽다면 붙여 써주세요.

- 먹을 걸 가져오렴. / 먹을 것을 가져오렴. (○) → '먹을 걸'로 띄어 쓴다.

- 그 친구 매운 음식 잘 먹을걸. / 그 친구 매운 음식 잘 먹을 것을. (×) → '먹을걸'로 붙여 쓴다.

비슷한 유형인 '먹을 게'와 '먹을게'도 함께 알아두면 좋은데요. '게' 자리에 '것이'라는 단어를 넣어 자연스럽게 읽힌다면 '게'가 의존 명사이니 앞말과 띄어 쓰고, 부자연스럽다면 붙여 쓰면 된답니다. 그러니까 '먹을 게 없네'는 '먹을 것이 없네'로 바꾸어 말해도 자연스러우니 '먹을 게'로 띄어 쓰고, '내가 먹을게'는 '내가 먹을것이'로 바꾸어 말하면 부자연스러우니 '먹을게'로 붙여 쓰면 되겠지요?

④ 너 밖에 vs 너밖에

'너 밖에 나가 있어'라는 문장에서 '밖'은, '바깥'을 뜻하는 '밖'에 조사 '에'가 따라붙은 형태랍니다. 문장의 각 단어는 띄어 써야 하니 앞말에 붙일 이유가 없겠지요. 구구절절 설명하지 않아도 모두 이렇게 쓰고 계시리라 믿어 의심치 않습니다. 그러나 '난 너밖에 없어'를 이렇게 붙여 쓰는 분은 그리 많지 않을 거라는 생각이 듭니다.

조사는 '은·는·이·가'처럼 한 글자인 것도 있지만 '같이·

마저·더러'처럼 두 글자 이상인 것도 있다고 말씀드렸던 것을 기억하고 계시나요? '밖에' 역시 조사가 아닌 척하지만 알고 보면 조사인 단어랍니다. '난 너밖에 없어'라는 문장에서 '너'라는 단어에 조수처럼 딱 붙어 '그것 말고는'이라는 뜻을 더해주고 있지요. 쉽게 말해 '바깥'이라는 단어로 대체했을 때 자연스럽게 읽힌다면 '밖'이 일반적인 단어일 테니 앞말과 띄어 쓰고, 부자연스럽다면 조사일 테니 붙여 쓰라는 말씀!

- 너 밖에 나가 있어. / 너 바깥에 나가 있어. (○) → '너 밖에'로 띄어 쓴다.
- 나는 너밖에 없어. / 나는 너바깥에 없어. (×) → '너밖에'로 붙여 쓴다.

⑤ **안 되다 vs 안되다**

한국어로 설명하면 오히려 머리 아픈 단어가 있습니다. '다르다'와 '틀리다'가 그렇지요. 한국어일 때는 그게 그거 같은데 'different'와 'wrong'이라고 하면 그 차이가 확연히 느껴집니다. '안 되다'와 '안되다'도 그렇습니다. '안 되다'는 무언가를 금지하거나 부정할 때 또는 일이 이루어지지 않았을 때 쓰는 말입니다. '안되다'는 일이나 물건 등이 좋게 이루어지지 않거나, 사람이 훌륭하게 되지 못하거나, 섭섭하거나 가엾어 마음이 언짢을 때 쓰는 말이고요.

네, 저도 압니다. 이리 보고 저리 보아도 그게 그거 같다는 사실을 말이지요. 이럴 때는 차라리 영어로 익혀봅시다. 두 단어를 찬찬히 살펴본 결과, '안 되다'는 'no'에 가깝고 '안되다'는 'bad'와 비슷하더군요.

- 여기서 장사하시면 안 됩니다. → no
- 내일 제출하면 안 될까요? → no
- 오늘따라 장사가 안되네. → bad
- 그 사람 처지가 참 안되어 보여. → bad

느낌이 오시나요? 모든 경우에 부합하지 않을 수도 있지만 얼추 들어맞을 테니 적극적으로 활용해 보세요. '안되다'와 'bad'는 세 글자라는 공통점이 있으니 쉽게 기억할 수 있겠네요. '안되다'도 'bad'처럼 다닥다닥 붙여 쓰면 될 테고요.

지금까지 헷갈리는 띄어쓰기 다섯 가지를 알아보았는데요. 사실, 이것 말고도 알아두어야 할 띄어쓰기가 수두룩하답니다. 열심히 공부해서 잘 지킨다면 좋겠지만 부담은 갖지 않아도 괜찮습니다. 띄어쓰기를 틀린다고 해서 뜻이 통하지 않는 건 아니니까요. 이렇게붙여써도무슨말인지다아는걸요뭐.

원칙 정리

- '데에'를 넣어 자연스럽게 읽힌다면 '데'를 앞말과 띄어 쓰고, 부자연스럽다면 붙여 쓴다.
- '두 번'을 넣어 자연스럽게 읽힌다면 '한 번'을 띄어 쓰고, 부자연스럽다면 붙여 쓴다.
- '것을'을 넣어 자연스럽게 읽힌다면 '것'을 앞말과 띄어 쓰고, 부자연스럽다면 붙여 쓴다.
- '바깥'을 넣어 자연스럽게 읽힌다면 '밖'을 앞말과 띄어 쓰고, 부자연스럽다면 붙여 쓴다.
- '안 되다'는 'no', '안되다'는 'bad'다. '안되다'는 'bad'처럼 붙여 쓴다.

연습 문제

- 그 일을 마치는데 한 달이 걸렸다.

    →

- 다음에 커피 한 잔 마시자.

    →

- 이왕이면 저렴한걸 살래.

    →

- 하나 밖에 남지 않았어.

    →

- 나를 버린 그녀가 안 되기를 바라.

    →

정답 그 일을 마치는 데 한 달이 걸렸다. | 다음에 커피 한잔 마시자. | 이왕이면 저렴한 걸 살래. | 하나밖에 남지 않았어. | 나를 버린 그녀가 안되기를 바라.

살색이 도대체 무슨 색이야?

✗	○
난 결정 장애 있으니까 네가 선택해 줘.	난 우유부단하니까 네가 선택해 줘.
이 소설은 나의 처녀작이다.	이 소설은 나의 첫 작품이다.
살색 스타킹을 사야 해.	살구색 스타킹을 사야 해.

간호사로 일하던 때가 있었습니다. 환자들은 저를 다양한 호칭으로 불렀지요. 나이 지긋한 어르신들께서는 '간호원'이라는 표현을 즐겨 사용하셨는데요. 육이오 전쟁 영화에나 등장할 법한 낡은 단어였습니다만, 어르신들에게는 그 어휘가 익숙할 테니 그러려니 했습니다. 그런데 더러 "언니!" "아가씨!" "거, 여기 좀 와 봐요!" 하는 소리가 들려올 때면 저도 모르게 미간이 찌푸려졌습니다. 환자가 저를 무시해서 그런 호칭을

쓴다고 생각하지는 않았습니다. 그저 오랜 세월 동안 굳어진 습관 같은 말이었을 테니까요. 그럼에도 마음 한구석이 불편해지는 것을 막을 길은 없었습니다.

하지만 다른 이를 탓할 때가 아니었습니다. 저 역시 누군가를 불편하게 하는 말을 무심코 사용하고 있었거든요. 상대방을 차별하거나 비하하려는 의도를 품고 있지는 않았지만, 그 말이 누군가에게는 상처가 됐을 수도 있다는 생각에 부끄러움이 밀려왔습니다. 또한 그런 말은 저 자신에게 무의식적인 편견을 심어주고 있었습니다. 언어는 인식을 형성하기도 하니까요. 나의 말이 세상을 바라보는 창이라면 그 창을 더욱 깨끗하게 만들어야 하지 않을까요? 그런 의미에서, 무심코 내뱉는 차별과 비하의 어휘를 짚어보며 함께 성장하는 시간을 가져보겠습니다.

① 장애 관련 차별 어휘

'벙어리'는 청각이나 발음 기관에 탈이 생기거나 처음부터 말을 배우지 못해 온전히 말할 수 없는 사람을 낮잡아 이르는 말입니다. 과거에는 그들의 혀와 성대가 붙어 있다고 믿는 사람이 많았답니다. 그래서 네 손가락이 붙은 모양의 장갑을 '벙어리장갑'이라고 불렀다지요. 이 어휘가 장애인을 비하한다는 인식이 생기자 이를 대체할 만한 어휘가 등장했는데요. '손모아 장갑' 또는 '엄지 장갑'이라는 표현이 권장되고 있습니다. 아직은 표준국어대사전에 등재되지 않았지만, 많은 사람이 사용하다 보면 머지않아 표준어가 될 수 있겠지요?

이전에는 별다른 생각 없이 사용하던 '절름발이 정책' '눈뜬장님' '결정 장애'와 같은 표현이 이제는 달리 느껴지리라 생각됩니다. 이를 어떠한 어휘로 대체하면 좋을까요? 더 나은 표현을 스스로 찾아보는 것도 좋은 공부가 될 텐데요. 맥락에 따라 더욱 적절한 어휘가 있겠지만, 저라면 아래와 같이 고쳐보겠습니다.

- 절름발이 정책 → 부실한 정책 / 허술한 정책
- 눈뜬장님 → 무지몽매
- 결정 장애 → 우유부단

② **양성 불평등 어휘**

학창 시절 읽었던 어느 소설에서 한 여자가 남편을 여의었습니다. 작가는 그녀를 '미망인'이라고 칭했지요. 그녀의 처연한 모습이 미망인이라는 단어에 분위기를 더해주었기에 그저 서정적인 말이라고 생각했습니다. 하지만 이 단어가 아닐 미(未), 죽을 망(亡), 사람 인(人) 자를 쓴다는 사실을 알고 경악을 금치 못했습니다. 죽지 못한 사람이라니. 사별한 부인은 남편의 뒤를 따라 절개를 지켜야 한다는 낡디낡은 사상에서 비롯된 말이었던 것이지요.

'처녀작·처녀지·처녀비행'처럼 어떠한 단어 앞에 붙어 '맨 처음·최초의·아무도 손대지 않은' 등의 뜻을 더하는 '처녀' 역시 성차별 어휘입니다. 이렇게 하나하나 예민하게 따지면 세상에 쓸 말이 어딨겠느냐고 불만을 표하는 분도 계실 텐데요. 어휘를 살짝 비틀어 볼까요? '총각작·총각지·총각비행'

과 같은 표현은 기이해 보일 뿐만 아니라 교양이 없어도 너무나 없습니다. '처녀'가 붙은 말도 이와 같은 느낌이라고 생각해 주세요.

물론 남성을 차별하는 어휘도 있습니다. 아이들의 등하굣길 교통안전을 책임지는 '녹색어머니회'는 초등학생 자녀를 둔 어머니만 가입할 수 있습니다. 아버지는 비회원 자격으로 봉사할 수 있지요. 한 아버지는 이렇게 말씀하셨습니다. 양육의 주체는 부모 모두가 될 수 있건만 '어머니'라는 단어가 적힌 옷을 입고 교통 지도를 하는 일이 영 머쓱하다고 말입니다. 언제쯤이면 남녀가 갈등하지 않는 사회가 될 수 있을까요? 그 작은 시작으로, 우리가 일상에서 사용하는 언어부터 바꿔나가야겠습니다.

- 미망인 → 고(故) ○○○의 부인 / 돌아가신 ○○○의 부인 / 고인의 부인
- 처녀작 → 첫 작품 / 첫 발표작 / 데뷔작
- 녹색어머니회 → 녹색학부모회

③ 인종 차별 어휘

어린 시절, 피부를 색칠할 때 '살색' 크레파스를 썼습니다. '살색'이 곧 '피부색'이라고 생각했거든요. 그러나 세상에는 다양한 인종이 존재합니다. 그들의 피부색은 저마다 다르지요. 이 말인즉, '살색'은 수많은 피부색을 담을 만한 그릇이 되지 못한다는 이야기입니다.

피부색과 관련된 어휘를 둘러싼 논란은 우리나라뿐만 아니라 세계적으로도 이어지고 있습니다. 미국 정보기관은 '감시가 필요한 위험인물 명단'을 뜻하는 '블랙리스트'라는 용어의 사용을 지양할 것을 권했습니다. 검은색은 나쁘고 흰색은 좋다는 인식을 강화할 수 있기 때문입니다.

정체성을 규정하는 단어에도 차별은 존재합니다. '혼혈아'라는 표현이 대표적인데요. 한자 그대로 풀이하면 '피가 섞인 아이'라는 뜻으로, 단일 민족이라는 인식이 강했던 한국 사회의 배타적인 시선이 담겨 있지요. 하지만 시대는 변했습니다. 우리는 다양한 문화권의 사람들과 어우러져 살아가고 있지요. 시대에 발맞춰 우리의 어휘 역시 포용적으로 변화해야 하지 않을까요?

- 살색 → 살구색
- 블랙리스트 → 감시 대상 명단 / 요주의자 명단
- 혼혈아 → 다문화 가정 자녀

 입에 붙은 익숙한 표현을 달리 사용하는 일이 어색하고 어렵게 느껴질 수도 있습니다. 때로는 유별나다는 시선을 받을지도 모르겠습니다. 하지만 작은 변화가 쌓이다 보면 언젠가는 그것이 상식이 되는 날이 올 테지요. 상식의 선두 주자가 된다니. 이보다 더 멋진 일이 세상에 또 있을까요?

원칙 정리

- 차별과 비하를 담은 표현 대신, 모두를 존중하는 포용적인 어휘를 사용해야 한다.

연습 문제

- 벙어리장갑은 불편해.

    →

- 처녀비행을 무사히 마친 소감이 어때?

    →

- 저 고객은 블랙리스트에 올랐다.

    →

정답 손모아 장갑 · 엄지 장갑은 불편해. | 첫 비행을 무사히 마친 소감이 어때? | 저 고객은 감시 대상 · 요주의자 명단에 올랐다.

중학교 2학년 수준

✗	○
불의의 사고로 유명을 달리했다.	뜻밖의 사고로 목숨을 잃었다.
신제품인데 이전 제품과 대동소이하네요.	신제품인데 이전 제품과 비슷하네요.
마감 일주일 전에 리마인드 드릴게요.	마감 일주일 전에 한 번 더 알려드릴게요.

가수 박진영 씨는 말하듯이 노래하라고 조언합니다. 대화의 뉘앙스가 노래에서 풍기면 듣는 이의 마음을 움직일 수 있기 때문이랍니다. 노래는 문자에 가락을 붙인 것이니 글쓰기도 이와 다르지 않습니다. 그런데 글만 쓰려고 하면 진지해지는 분들이 계십니다. 있어 보여야 할 것 같은 느낌에 어려운 한자어를 남발하기도 하지요. 그 결과, 일상과 동떨어진 딱딱한 글

을 쓰게 되는데요. 장래 희망이 훈장님이 아니라면 쉬운 단어로 대체하는 것이 낫습니다.

 글의 성격에 따라 어려운 어휘를 사용해야 할 때도 있습니다. 전문 용어를 써야 하는 의학 칼럼이라든지 문화 평론 등이 그렇지요. 같은 업계 사람이 읽는 글이라면 아무래도 상관없습니다. 그러나 대중을 상대로 하는 글이라면 풀어 쓰는 노력을 기울여야 합니다. 읽는 이가 이해하지 못한다면 제아무리 열심히 쓴 글이라도 별다른 소용이 없을 테니까요. 글을 쓰기에 앞서 그 목적을 잘 기억해 주세요. 그건 다름 아닌 전달과 소통입니다.

① 굳이 어려운 한자어를?

길을 걷다 '심혈'이라는 단어가 불현듯 머리를 스쳤습니다. '혹시 마음 심(心), 피 혈(血) 자를 쓸까?' 궁금증을 참지 못해 가던 길을 멈추고 사전을 검색해 보았지요. 저의 예상은 틀리지 않았습니다. 즉, '심혈을 쏟는다'는 말은 심장의 피를 쏟아부을 만큼, 목숨을 바칠 만큼 애쓰고 있다는 뜻이겠지요. 심혈은 그 어떤 단어로도 대신할 수 없다는 생각이 들었습니다. 세상천지에 제 목숨과 바꿀 것은 없을 테니까요.

모름지기 한국인이라면 순우리말을 써야 하지 않겠냐고 주장하는 사람도 있습니다. 그러나 글이란 자신의 의도를 또렷하게 전달하기 위한 수단이니 한자어와 순우리말을 가릴 필요는 없다는 것이 저의 의견입니다. 물론, 더욱 쉬운 한자어나 한층 다정한 순우리말로 대체할 수 있다면 그리하는 것이 더 좋겠지요. 쓸데없이 진지해질 필요는 없으니까요. 이어지는 예문을 살펴보며, 어려운 한자어를 쉬운 표현으로 바꿨을 때 문장이 얼마나 부드러워지는지 살펴보세요.

- 불의의 사고로 유명을 달리했다. → 뜻밖의 사고로 목숨을 잃었다.
- 가부 동수일 경우 의장이 결정한다. → 찬반이 같으면 의장이 결정한다.
- 유의미한 결론이 도출됐다. → 의미 있는 결론을 얻었다.

참고로 '유명'은 검을 유(幽), 밝을 명(明) 자를 씁니다. 어둠과 밝음, 그러니까 저승과 이승을 아울러 이르는 말이지요. 이를 '운명을 달리하다'라고 말하는 분들이 심심치 않게 보이는데요. '운명'을 사용하여 죽음을 나타내고 싶다면 '운명하다'라고만 말해도 충분하답니다. 죽을 운(殞), 목숨 명(命) 자를 쓰는 '운명'은 보시다시피 죽음의 의미를 담고 있거든요.

② 굳이 어려운 사자성어를?

공유 오피스에서 일하던 중, 옆자리에 앉은 여자가 팀원과 통화하는 소리가 들려왔습니다. "회의는 특별한 거 없었고요. 내용은 대동소이해요. 예? 하… 그게 그러니까, 크게 바뀐 건 없고 비슷하단 말이에요." 말하는 이는 상대방이 '대동소이(大同小異)'라는 사자성어의 뜻을 몰라 굳이 두 번 말하는 불편을 겪었습니다. 듣는 이는 상대방의 한숨 소리에 쓸데없이 주눅이 들었을 테지요.

사자성어를 사용하면 이야기에 깊이를 더할 수 있습니다. 고전과 역사에서 비롯된 네 글자 속에 오랜 경험과 통찰이 응축되어 있기 때문이지요. 그러나 소통에 오해가 있어서는 안 될 업무 이야기를 나눌 때는 누구나 이해할 수 있는 쉬운 표현을 사용하는 것이 더욱 좋겠지요?

- 신제품인데 이전 제품과 대동소이하네요. → 신제품인데 이전 제품과 비슷하네요.
- 우리 팀이 토사구팽당했군요. → 우리 팀이 이용당했군요./ 버림받았군요.

- 수정된 계약 조건은 조삼모사 아닙니까? → 수정된 계약 조건은 말장난 아닙니까?

참고로 '토사구팽(兎死狗烹)'은, 토끼가 죽으면 토끼가 잡던 사냥개도 필요 없게 되어 주인에게 삶아 먹힌다는 뜻입니다. 필요할 때는 쓰고 필요 없을 때는 야박하게 버리는 경우를 이르는 말이지요. '조삼모사(朝三暮四)'는 간사한 꾀로 남을 속여 희롱함을 뜻하는데요. 원숭이에게 아침에는 도토리 세 개, 저녁에는 네 개를 주겠다고 말하자 양이 적다며 화를 냈답니다. 그리하여 아침에 네 개, 저녁에 세 개를 주겠다고 바꾸어 말하니 기뻐했다는 데서 유래했다고 하네요.

③ 굳이 어려운 외래어를?

영어는 한자어만큼이나 우리의 일상에 녹아 있습니다. 국립국어원은 무분별하게 사용되는 외래어를 순화하는 '우리말 다듬기 사업'을 꾸준히 펼치고 있지요. '셀프카메라'를 '자가촬영'으로, '드레스 코드'를 '옷차림 약속'으로, '팔로잉'과 '팔로어'는 각각 '따름벗'과 '딸림벗'으로 다듬는 식인데요. 제가 사는 이곳이 남인지 북인지 혼동이 오는군요. 그러나 '리플'을 '댓글'로, '네티즌'을 '누리꾼'으로 순화한 성공 사례도 있답니다.

우리말을 지키려는 국립국어원의 눈물 나는 노력에 우리도 힘을 보태야 하지 않을까요?

- 마감 일주일 전에 리마인드 드릴게요. → 마감 일주일 전에 한 번 더 알려드릴게요.
- 이 시안을 디벨롭해 봅시다. → 이 시안을 발전시켜 봅시다.
- 스탠스를 분명히 하세요. → 입장을 분명히 하세요.

어디까지가 쉬운 어휘이고 어디서부터가 어려운 어휘인지 기준을 세우기 어렵다면, 제가 글쓰기를 처음 배울 때 선생님이 해주셨던 말씀을 그대로 전해드리겠습니다. "글은 말이지. 중학교 2학년이 이해할 수 있는 수준으로 써야 해." 저는 말했습니다. 제 나이가 몇인데 어떻게 애들이 읽을 만한 글을 쓰느냐고요. 그러자 선생님은 대답하셨답니다. "얘, 요즘 애들 수준이 얼마나 높은지 아니?"

원칙 정리

- 글은 일상적인 언어로 말하듯이 쓰되, 중학교 2학년이 이해할 수 있어야 한다.

연습 문제

- 실직은 불의의 장해물이었지만 유의미한 전환점이기도 했다.

  →

- 조삼모사로 사람을 구슬려 놓고 단물이 빠지니 토사구팽이구나.

  →

- 이번 일에 대한 뚜렷한 스탠스가 없어서 가부를 고민 중이에요.

  →

정답 실직은 뜻밖의 장해물이었지만 의미 있는 전환점이기도 했다. | 말장난으로 사람을 구슬려 놓고 단물이 빠지니 버리는구나. | 이번 일에 대한 뚜렷한 입장이 없어서 찬반을 고민 중이에요.

저는 쥐쥬래갠을 좋아해요

✗	○
점심으로 돈까스 어때?	점심으로 돈가스 어때?
굳모닝, 좋은 아침입니다!	굿모닝, 좋은 아침입니다!
심판이 옐로우카드를 꺼냈다.	심판이 옐로카드를 꺼냈다.

미국 교포 커뮤니티에 이러한 글이 올라왔습니다. 아는 언니가 미국에 산 지 오래돼 한국식 영어를 못 쓰겠다고 했답니다. 그래서 메시지를 보낼 때 '컴퓨터'를 '컴퓨럴'이라고 쓰고, '맥도날드'를 '맥돠날'이라고 쓴다지요. 심지어 제일 좋아하는 연예인은 '쥐쥬래갠'이라고 했다는데요. 쥐쥬래갠이 누구인지 모르겠다면 소리 내어 읽어보세요. 네, 그렇습니다. 그녀의 최애 연예인은 다름 아닌 '지드래곤'이었습니다.

 이처럼 외래어를 멋대로 적으면 의사소통에 장애가 옵니다. 우리에게는 오랫동안 사용해 온 외래어 표기법이 있기 때문입니다. 피자에 고구마 무스를 얹고, 햄버거에 불고기를 넣으며, 파스타를 먹으면서도 김치를 곁들이는 우리 민족은 외래어 역시 우리 입맛에 맞게 표기하지요. 외국인이 보기에는 자기네 나라말과 달라도 한참 달라 고개를 갸웃할 수도 있겠지만, 한국에 왔으면 한국 법을 따라야 하지 않겠습니까. 그 법은 다음과 같습니다.

① 'ㄲ·ㄸ·ㅃ·ㅆ·ㅉ'과 같은 된소리를 쓰지 않아요

같은 단어일지라도 나라마다 발음은 다릅니다. 커피를 마시는 'cafe'를 프랑스에서는 [꺄페], 미국에서는 [캐페]에 가깝게 발음하지요. 같은 'c' 자를 어떨 때는 'ㄲ'으로, 또 어떨 때는 'ㅋ'으로 구별해서 적어야 한다면 여간 골치 아픈 것이 아니겠지요? 복잡할 것 없이, 된소리는 쓰지 않기로 약속했답니다. 그러니까 '까페'는 틀리고 '카페'는 옳다는 말씀입니다.

- 점심으로 돈까스 어때? → 점심으로 돈가스 어때?
- 묻고 떠블로가! → 묻고 더블로 가!
- 삐에로가 풍선을 줬어. → 피에로가 풍선을 줬어.

② 받침에는 'ㄱ·ㄴ·ㄹ·ㅁ·ㅂ·ㅅ·ㅇ'만 사용해 주세요

'카페'를 '커피숍'이라 말하기도 하는데요. 이를 '커피숖'이라고 잘못 쓰는 분이 더러 계시더군요. 'shop'의 'p'를 그대로 이어받아 'ㅍ' 받침을 사용하는 의도는 알겠습니다만, '커피숍에 가자'와 '커피숖에 가자'를 소리 내어 읽어보세요. 전자는 [커피쇼베 가자]로 바르게, 후자는 [커피쇼페 가자]로 이상하게 발음되지요? 외래어 받침을 적을 때 'ㄱ·ㄴ·ㄹ·ㅁ·ㅂ·ㅅ·ㅇ'을 사용한다면 이러한 혼란을 피할 수 있답니다.

- 굳모닝! 좋은 아침입니다! → 굿모닝, 좋은 아침입니다!
- 케잌이 맛있어 보이네. → 케이크가 맛있어 보이네.

- 대형 마켙에서 장을 봐요. → 대형 마켓에서 장을 봐요.

③ '오우'가 아닌 '오'가 원어 발음에 가까워요

친구가 영어를 유려하게 말하는 법을 알려줬습니다. 'bus'는 [버스]가 아니라 [음버스]로, 'game'은 [게임]이 아니라 [음게임]으로 발음하라고 했지요. "음버스 타고 응게임하러 갈래?" 하고 말하자 교포가 된 기분이었습니다. 신이 난 제가 하나 더 알려달라고 보채자 친구가 이렇게 말했습니다. "snow를 [스노우]라고 정직하게 발음하지 말고, [스노]라고 말하면서 입술 모양만 '우'로 바꿔봐." 그러자 '우' 자가 들릴 듯 말 듯 하더군요. 그런데 그거 아시나요? 한글로 쓸 적에도 이 발음을 그대로 살려 '스노우'가 아닌 '스노'로 쓰는 것이 옳다는 사실을 말입니다.

- 경기 중 심판이 옐로우카드를 꺼냈다. → 경기 중 심판이 옐로카드를 꺼냈다.
- 아이새도우는 잘 안 발라. → 아이새도는 잘 안 발라.
- 윈도우 설치했어? → 윈도 설치했어?

이쯤에서 퀴즈를 하나 내보겠습니다. 질겅질겅 씹는

'gum'은 무어라 적어야 옳을까요? "'껌'이 맞는 것 같은데 된소리는 안 쓴다고 했으니까 '검'이 맞으려나…? 정답, 검!" 열심히 공부한 당신, 틀렸습니다! 외래어 표기법 제1장 제5항에 이미 굳어진 외래어는 관용을 존중하되, 그 범위와 용례는 따로 정한다고 떡하니 쓰여 있거든요. 옛날부터 껌이라 했으니 그냥 껌이라고 하면 된다는 말씀입니다.

'어쩌라고' 하는 마음 이해합니다. 그리하여 더 많은 표기법과 세칙이 있지만 이쯤에서 멈추겠습니다. 계속해서 '어쩌라고' 소리가 나올 수 있기 때문입니다. 다행인 건, 한국인이 외국에서 온 말을 틀리게 쓴다고 해도 큰 문제가 되지 않는다는 점입니다. 외래어보다는 우리말이 더욱 중요하지요. 암, 그렇고 말고요.

원칙 정리

- 'ㄲ·ㄸ·ㅃ·ㅆ·ㅉ'과 같은 된소리를 쓰지 않는다.
- 받침에는 'ㄱ·ㄴ·ㄹ·ㅁ·ㅂ·ㅅ·ㅇ'만 사용한다.
- 원어 발음을 살려 '오우'가 아닌 '오'로 적는다.
- 이미 굳어진 외래어는 원칙을 따르지 않고 그대로 쓴다.

연습 문제

- 빠리에서 갔던 까페가 그리워.

    →

- 슈퍼마켙에 가지 말고 로켙 배송을 시키자.

    →

- 윈도우 바탕화면에 섀도우복싱 영상 저장해 놨어.

    →

정답 파리에서 갔던 카페가 그리워. | 슈퍼마켓에 가지 말고 로켓 배송을 시키자. | 윈도 바탕화면에 섀도복싱 영상 저장해 놨어.

2부.
생각을 펼치는 문장 기술

머릿속이 실타래처럼 엉켜 있다면 문장으로 풀어내 보세요. 그렇게 하면 복잡한 생각이 일목요연하게 정리돼 한결 가붓한 삶을 살 수 있거든요. 단, 이 혜택은 문장을 바르게 쓸 줄 아는 사람만이 누릴 수 있습니다. 욕심이 난다고요? 그럴 줄 알고 이번 장에 군말과 오류 없는 단단한 문장을 쓰는 방법과 그렇게 만든 문장을 연결하는 법을 담아두었답니다. 단계별로 차근차근 따라온다면 글 한 편을 뚝딱 써낼 수 있겠지요? 자, 갑시다. 행복의 나라로!

초급 편

엉킨 문장을 정리하는 기술

아니~ 뭐가 틀렸다는 거야???

✗	○
그게 정말이야???	그게 정말이야?
떡볶이, 순대, 어묵, 그리고 튀김도 사 와.	떡볶이, 순대, 어묵 그리고 튀김도 사 와.
나는 "시간이 왜 이렇게 안 가지?" 하고 생각했다.	나는 '시간이 왜 이렇게 안 가지?' 하고 생각했다.
설마 그런 일이…	설마 그런 일이….
아니~ 이건 너무하잖아.	아니, 이건 너무하잖아.

친구가 어느 동화책 전집을 추천했습니다. 아이와 함께 도서관에 갔다가 잠깐 살펴봤는데 어른이 읽기에도 재미있더랍니다. 그런데 며칠 후, 집 앞으로 커다란 택배 상자가 도착했습니다. 당근 마켓에 그 전집이 저렴하게 올라온 걸 발견한 친구가

선물로 보내준 것이었지요. 친구는 자신의 아이가 읽기에는 아직 어려운 책이니 재미있게 읽고 물려달라고 메시지를 보냈습니다.

    친구 : 책 상태 괜찮아? 그 사람은 깨끗하다고 했는데 내가 직접 안 봐서~
    주윤 : 그.. 뭐랄까..? 표지만 살짝 지저분한 정도?
    주윤 : 몇 권 읽어봤는데 진짜 재밌어!!!
    친구 : 다행이군 ㅋㅋ
    친구 : 천천히 읽고 나중에 보내줘
    주윤 : 웅웅, 고맙습니당 ^___^
    친구 : 별말씀을♡

혹시, 이 메시지를 읽으며 틀린 부분을 발견하셨나요? "웅웅, 고맙습니당"은 제가 귀여운 척하느라 일부러 저렇게 쓴 것이니 제외하고요. 정답은 바로 '문장 부호'입니다. 문장이란 생각이나 감정을 말과 글로 표현할 때 완결된 내용을 나타내는 최소 단위인데요. 이러한 문장의 구조를 잘 드러내거나 글쓴이의 의도를 쉽게 전달하기 위해 쓰는 여러 가지 부호를 '문장 부호'라고 한답니다.

우리는 하루에도 몇 번씩 메시지를 주고받지만 문장 부호를 신경 쓰지는 않습니다. 문장을 짧게 끊어서 줄 바꿈을 하거나, 이모티콘이나 특수 문자로 문장을 마무리하는 바람에 문장 부호가 설 자리를 잃어버렸지요. 알면서도 귀찮아 생략하는 경우도 허다하고요. 이러한 습관이 계속해서 이어진다면 문장 부호의 올바른 사용법을 잊어버릴지도 모릅니다. 머릿속에 든 지식이 희미해지기 전에 한번 짚고 넘어가 볼까요?

① 마침표(.)와 물음표(?)와 느낌표(!)

앞서 말씀드린 것과 같이, 문장에는 완결성이 있어야 합니다. 그렇다면 문장의 완결을 어떻게 나타내야 할까요? 문장을 평범하게 끝맺을 때는 마침표를, 무언가를 묻거나 의문을 나타낼 때는 물음표를, 감탄이나 항의처럼 평범한 어조에 비해 강한 느낌을 전달하고 싶을 때는 느낌표를 쓰면 됩니다. 그러니까 문장의 완결을 나타내려면 셋 중 하나를 무조건 써야 한다는 이야기입니다. 다만, 문장 속에 인용한 문장이 포함될 때는 마침표를 생략해도 괜찮습니다.

- 엄마는 "용돈 고마워." 하고 말하며 내 손을 잡았다. (원칙)
- 엄마는 "용돈 고마워" 하고 말하며 내 손을 잡았다. (허용)

"그게 정말이야???" "그 사람 미쳤구나!!!"처럼 물음표나 느낌표를 연달아 쓰는 경우를 심심치 않게 봅니다. "이런! 지갑을 두고 왔네! 어떻게 하지? 이러다 지각하겠어!" 하며 남용하는 경우도 많고요. 감정을 격하게 나타내려는 의도는 알겠지만 읽기에 어쩐지 부담스럽습니다. 느낌표와 물음표는 꼭 필요한 부분에 절제해서 사용해 주세요.

- 그게 정말이야?
- 그 사람 미쳤구나!
- 이런, 지갑을 두고 왔네. 어떻게 하지? 이러다 지각하겠어!

② 쉼표(,)

쉼표는 같은 자격을 지닌 단어를 열거할 때 그 사이사이에 찍어줍니다. '분식집에서 떡볶이, 순대, 어묵, 튀김을 판다'처럼 말이지요. '그리고'라는 단어를 쉼표로 대체하는 셈이지요. 쉼표를 찍어 단어를 열거하다가 마지막 단어 앞에 '그리고'를 쓰기도 합니다. 이때에는 '그리고' 앞에 쉼표를 찍지 않습니다. '그리고'가 쉼표를 대체하고 있으니 굳이 중복해서 사용할 필요가 없는 것이지요.

- 떡볶이, 순대, 어묵, 그리고 튀김도 사 와. → 떡볶이, 순대, 어묵 그리고 튀김도 사 와.

문장은 읽는 이가 오해하지 않도록 명확하게 써야 합니다. 그렇지 않으면 같은 문장을 읽고도 다르게 받아들일 수 있으니까요. '엄마는 요리하며 노래하는 아들을 바라봤다'라는 문장은 다소 애매합니다. '엄마가 요리하면서 아들이 노래하는 모습을 바라봤다'고 생각할 수도 있고 '아들이 요리하면서 노래를 불렀다'고 생각할 수도 있으니까요. 어떤 말이 뒤이어 나오는 말과 직접적인 관계가 없다면 쉼표를 찍어 이 사실을 나타내 주세요.

- 엄마는, 요리하며 노래하는 아들을 바라봤다.

이 밖에도 여러 쓰임이 있지만 여기까지만 알아도 충분하지 않을까 싶습니다. 문장을 소리 내어 읽다가 잠시 끊어 가고 싶은 부분이 있다면, 그곳에 쉼표를 찍어주면 되거든요.

③ 큰따옴표(" ")와 작은따옴표(' ')

큰따옴표는 글 속에서 대화문을 표시하거나 혼잣말을 적을 때 사용합니다. 이 말인즉, 소리 내어 말한 것을 표시할 때 큰따옴표를 쓸 수 있다는 이야기입니다. 더불어, 글을 옮길 적에도 큰따옴표를 사용하는데요. 문자 메시지, 이메일, 속담이나 책의 한 구절 등이 이에 해당합니다.

- "어디 가?" / "잠깐 편의점에 다녀올게."
- 옷을 살피던 손님이 "왜 이렇게 비싸?" 하고 중얼거렸다.
- 친구가 "책 잘 도착했지?" 하고 문자 메시지를 보내왔다.

반면, 작은따옴표는 마음속으로 한 말을 적을 때 사용합니다. 인용한 말 안에 인용한 말이 있을 때 바깥쪽에 있는 큰따옴표와 중복을 피하려고 사용하기도 하지요. 마지막으로, 문장에서 강조하고 싶은 부분이 있을 때도 쓸 수 있답니다.

- 나는 '왜 이렇게 시간이 안 가지?' 하고 생각했다.
- 동생은 "온종일 누워 있는 건 '식은 죽 먹기'나 다름없어" 하고 말했다.
- '돈'보다 중요한 건 '시간'이다.

④ **줄임표 (……)**

줄임표는 할 말을 줄였거나 아무 말도 하지 않음을 나타낼 때 사용합니다. 이러한 경우에는 다른 말이 이어지지 않으므로 마침표, 물음표, 느낌표처럼 문장을 끝맺어주는 문장 부호와 함께 써야 하지요. 머뭇거림을 보일 때도 줄임표를 사용할 수 있는데요. 이때는 말이 계속해서 이어지는 상황이므로 끝맺음을 나타내는 문장 부호를 쓰지 않습니다. 컴퓨터로 줄임표를 입력하려면 세 개의 점이 묶인 특수 문자(…)를 두 번 반복(……)해야 하지만, 너무 길게 느껴진다면 한 번만 써도 괜찮답니다.

- 설마 그런 일이……. (원칙) / 설마 그런 일이…. (허용)
- "…." / "유구무언이라 이거지?"
- "그러니까… 그게… 어떻게 된 거냐면 말이야."

⑤ **물결표 (~)**

우리는 말끝을 길게 늘이거나 어감을 부드럽게 하려고 물결표를 애용합니다. 그러나 물결표는 기간, 거리, 범위를 나타낼 때 사용하는 문장 부호랍니다.

- 10월 10일~10월 14일
- 서울~수원 정도는 출퇴근이 가능해.
- 45~50쪽에 그 내용이 있으니 참고하세요.

아니~ 이건 너무하잖아. 물결표 없이 문자 메시지를 어떻게 보내~~~ 화난 줄 알면 어떡해~~~~ ^.^;;; 제 말이 그 말입니다. 하지만 사람이 매사에 간드러질 필요는 없습니다. 공적인 대화를 나눌 때는 오히려 물렁물렁해 보일 수 있으니 자제하는 것이 좋겠지요?

원칙 정리

- 문장은 마침표나 물음표 또는 느낌표를 찍어 마무리한다.
- 쉼표는 문장을 소리 내어 읽을 때 끊어 가고 싶은 부분에 찍는다.
- 소리 내어 한 말은 큰따옴표로, 마음속으로 한 말은 작은따옴표를 사용해 표시한다.
- 줄임표 뒤로 다른 말이 이어지지 않을 경우, 문장을 끝맺어주는 문장 부호와 함께 쓴다.
- 어감을 부드럽게 하려고 물결표를 쓰지만 이는 잘못된 사용법이므로 사용을 자제한다.

연습 문제

- 언니가 이혼했다는 게 진짜야???

    →

- 할머니가 '아이고, 허리야.' 하며 혼잣말을 하셨다.

    →

- 그는 나를 "사랑"한 게 아니라 "이용"했다.

    →

정답 언니가 이혼했다는 게 진짜야? | 할머니가 "아이고, 허리야." 하며 혼잣말을 하셨다. | 그는 나를 '사랑'한 게 아니라 '이용'했다.

문장의 뼈

문장의 대가인 김훈 작가는 다음과 같은 원칙에 따라 글을 쓴다고 합니다. 첫째, 수다를 떨지 말자. 둘째, 중언부언하지 말자. 셋째, 문장의 뼈만 가지고 글을 쓰자. '수다'와 '중언부언'은 알겠는데 '문장의 뼈'는 무엇을 뜻하는 걸까요?

'뼈'는 몸을 지탱하는 단단한 물질을 뜻합니다. 그러니 '문장의 뼈'는 문장을 지탱하는 단단한 성분을 말하는 것일 테지요. 그렇다면 어째서 문장의 뼈만 가지고 글을 써야 할까요? 건강한 몸에는 군살이 없습니다. 이 말인즉, 좋은 문장에도 군말이 없어야 한다는 이야기입니다.

대가의 발자취를 따라가려면 문장의 뼈만 가지고 글 쓰는 연습을 해보아야 할 텐데요. 그러기에 앞서, 문장의 뼈가 무엇인지 아는 것이 우선입니다. 지금까지 딱딱한 문법 용어를 쓰지 않고 쉽게 설명하려고 애를 썼지만 이번에는 도저히 피할 수 없게 되었습니다. 하지만 걱정하지 마세요. 왜, 피할 수 없으면 즐기라는 말도 있잖아요. 어디선가 즐길 수 없으면 피하는 것도 방법 아니냐는 물음이 들려오는 듯한데요. 어허, 군말 금지!

① 첫 번째 뼈, 주어

절대 미각을 지닌 생쥐가 레스토랑 수습생과 합심해 맛있는 음식을 만들어내는 영화 〈라따뚜이〉를 좋아합니다. 이 영화의 주인공은 다름 아닌 '생쥐'이지요. 영화에 주인공이 있듯 문장에도 주인공이 있습니다. 주인 주(主), 말씀 어(語)자를 쓰는 '주어'가 바로 문장의 주인공인데요. 문장에서 '누가' 또는 '무엇이'를 나타낸답니다.

- 그는 수습생이다. (누가)
- 생쥐가 요리한다. (누가)
- 음식이 맛있다. (무엇이)

감독은 주인공인 생쥐를 주축으로 영화를 끌어나갑니다.

그렇다면 내 문장의 감독인 우리는 주어를 주축으로 문장을 끌어나가야겠지요. 주어는 문장에서 그만큼 중요한 역할을 담당합니다. 이따금 문장에서 주어가 보이지 않을 때도 있습니다. 하지만 주어는 자취를 감췄을 뿐 분명 존재한답니다. 〈라따뚜이〉의 모든 장면에 생쥐가 등장하지 않아도 어딘가에 존재하는 것처럼 말이지요.

- "(너는) 밥 먹었어?" / "응, (나는) 먹었어."
- 친구가 메시지를 보내왔다. (친구는) 저녁에 무얼 하느냐고 나에게 물었다.

② **두 번째 뼈, 서술어**

주어가 제아무리 중요해도 저 혼자서 덩그러니 있으면 말이 완성되지 않습니다. "그는… 그는…" 하고 말하면 "그가 뭔데?" 하는 물음이 이어질 것입니다. "생쥐가… 생쥐가…" 하고 말하면 "생쥐가 어쨌는데?" 하는 말이 뒤따라 나올 테지요. "음식이… 음식이…" 하고 말하면 "아니, 도대체 음식이 어떻다는 얘기야?" 하는 원성을 들을지도 모릅니다. 상대방의 복장을 터뜨리고 싶지 않다면 주어의 정체·행동·상태 따위를 말해주는 '서술어'를 써주어야 합니다.

- 그는 수습생이다. (정체)
- 생쥐가 요리한다. (행동)
- 음식이 맛있다. (상태)

③ 세 번째 뼈, 목적어

생쥐가 그 조막만 한 손으로 어떻게 요리를 하는지 상상이 가지 않으실 텐데요. 다 방법이 있습니다. 레스토랑 수습생의 머리에 올라탄 생쥐는 그의 머리카락을 조이스틱 삼아 그를 조종합니다. 수습생은 생쥐의 조종에 따라 손을 움직여 요리하지요.

- 생쥐가 수습생을 조종한다. (누구를)
- 그들이 라따뚜이를 요리한다. (무엇을)

제가 '생쥐가 조종한다'라고만 말했다면 여러분은 생쥐가 '누구를' 조종하는지 궁금했겠지요. '그들이 요리한다'라고만 말했어도 '무엇을' 요리하는지 궁금했을 테고요. 이처럼 문장에서 '누구를' 또는 '무엇을'에 해당하는 말을 '목적어'라고 합니다. 목적어는 서술어의 행동이 향하는 대상, 즉 목표물인 셈이지요. '나는 잔다'나 '그가 웃는다'처럼 목적어가 필요하지 않은 문장도 있습니다. 자면 자는 거고 웃으면 웃는 거지, 여기에 덧붙일 말이 무어 있겠습니까.

④ 네 번째 뼈, 보어

인간 세상에서 쥐는 혐오의 대상입니다. 이 사실을 잘 아는 생쥐의 아버지는 인간과 어울려 요리하지 말라고 자식을 말렸지요. 엎친 데 덮친 격으로, 주방 직원들마저 식당을 떠나버립니다. 인간이 아닌 생쥐가 요리했다는 사실에 충격을 받았기 때문이지요. 그럼에도 생쥐는 요리를 포기하지 않았고 결국에는 요리사가 되었답니다.

- 생쥐는 인간이 아니다. (무엇이 아닌지)
- 생쥐는 요리사가 되었다. (무엇이 되었는지)

제가 '생쥐는 아니다'라고만 말했다면 여러분은 무엇이 아니라는 건지 알고 싶겠지요. '생쥐는 되었다'라고만 말했어도 무엇이 되었는지 알고 싶을 테고요. 이러한 일을 미연에 방지하기 위해 생쥐가 무엇이 아닌지, 무엇이 되었는지 그 뜻을 보충해 두었습니다. 이처럼 '아니다' 또는 '되다' 앞에서 그 뜻을 보충해 주는 말을 보어라고 한답니다.

　지금까지 문장을 지탱하는 네 가지 뼈를 살펴보았는데요. 문장을 쓰며 이 뼈들을 포함하려는 노력을 기울이지는 않아도 괜찮습니다. 그야말로 문장을 지탱하는 성분이기에 빼먹는다면 문장이 와르르 무너져 내릴 수밖에 없고, 여러분은 아니기에 그 사실을 자연히 알아챌 수 있거든요. 이 문장을 봐! 탈골됐잖아! 여러분은 뭐가 아니다? 외국인이 아니다!

원칙 정리

- 문장을 지탱하는 단단한 성분은 주어, 서술어, 목적어, 보어이다.
- '주어'는 문장의 주인공으로 '누가' 또는 '무엇이'를 나타낸다.
- '서술어'는 주어의 '정체·행동·상태' 따위를 서술하는 말이다.
- '목적어'는 '누구를' 또는 '무엇을'에 해당하는 말이다.
- '보어'는 '아니다' 또는 '되다' 앞에서 뜻을 보충해 주는 말이다.

연습 문제

- '눈이 내린다'라는 문장에서 주어는 무엇일까요?

    →

- '아기가 잔다'라는 문장에서 서술어는 무엇일까요?

    →

- '강아지가 사료를 먹는다'라는 문장에서 목적어는 무엇일까요?

    →

- '나는 바보가 아니다'라는 문장에서 보어는 무엇일까요?

    →

정답 눈이 | 잔다 | 사료를 | 바보가

꾸미고 또 꾸미다 보면 각설이 신세

앞선 장에서 문장의 뼈에 대해 살펴보았습니다. 이제 그 뼈에 살을 붙여 맵시 있게 꾸밀 차례입니다. 이때 사용하는 말을 '꾸밈말'이라고 하는데요. 여러 작법서에서 꾸밈말을 되도록 쓰지 말라고 조언합니다. 그런데 저는 꾸밈의 정도는 취향의 차이라서 정답은 없다고 생각하는 편입니다.

다만, 진한 화장을 하고 화려한 옷을 입고 액세서리를 주렁주렁 걸치다 보면 각설이 신세를 면치 못하겠지요. 청바지에 흰 티셔츠를 입은 쪽이 오히려 멋스러워 보이듯, 꾸밈말을 적당히 사용한 문장이 보기에 좋습니다. 그렇다면 어떻게 해야 꾸밈말을 남용하지 않을 수 있을까요?

① 꾸밈말은 하나면 충분해요

"아주 진짜 정말로 죽을 뻔했다니까." 여러분은 평소에 이러한 말을 자주 하시나요? 저는 아주 진짜 정말로 입에 달고 삽니다. 세상살이가 어찌나 고된지 '죽을 뻔했다'라는 말만으로는 그 힘듦이 표현되지 않는 느낌이랄까요. 그리하여 그 앞에 '아주 진짜 정말로'라는 꾸밈말을 붙이는 것이지요. 말로 할 적에는 이상한 줄 몰랐는데 이렇게 써놓고 보니 문장이 쓸데없이 길고 서툴러 보이네요.

꾸밈말이 연달아 이어진다면 그중 하나만 남겨보세요. '정말로 죽을 뻔했다'라고만 해도 뜻을 충분히 전달할 수 있을 테니까요. 각각의 꾸밈말이 저마다의 의미를 지니고 있어 하나도 포기할 수 없다고요? 그렇다면 여러 꾸밈말을 아우를 수 있는 하나의 꾸밈말을 사용해 보는 것도 방법입니다.

- 엄청나게 커다랗고 무거운 가구를 버렸다. → 거대한 가구를 버렸다.
- 상당히 차갑게 식은 그의 손을 잡았다. → 싸늘한 그의 손을 잡았다.
- 굉장히 깊고 긴 터널을 달렸다. → 긴긴 터널을 달렸다.

② 꾸밈말을 움직이는 말로 대신해 보세요

김정선의 《동사의 맛》 서문에 이런 말이 있습니다. '동사는 육수에 해당하는 말로 문장에 스며들어 감칠맛을 낸다'고 말입니다. 제 눈에는 이 말이, 동사를 잘 쓰면 별다른 꾸밈말 없이도 글맛이 살아난다는 이야기로 읽혔습니다. 참고로 동사란, 움직일 동(動), 말 사(詞) 자를 쓰는데요. '달리다'나 '쓰러지다'처럼 움직임을 나타내는 말이라고 생각하면 되겠습니다.

이어지는 예문을 살펴보세요. 사람들이 그냥 이야기한 것이 아니라 떠들썩하게 이야기했다고, 그가 그냥 운 것이 아니라 몹시 울었다고, 바람이 그냥 분 것이 아니라 세차게 불었다고 말합니다. 꾸밈말을 덧붙여 동사의 뜻을 더욱 분명하게 해 준 것이지요. 이때, 더욱 적절한 동사를 선택한다면 꾸밈말의 도움을 받지 않을 수 있습니다. 문장은 간단해졌지만 장면은 선명하게 떠오릅니다.

- 사람들이 떠들썩하게 이야기했다. → 사람들이 지껄였다.
- 그가 몹시 울었다. → 그가 오열했다.
- 바람이 세차게 불었다. → 바람이 휘몰아쳤다.

③ 필요하다면 생동감을 불어넣어도 좋습니다

'바람이 세차게 불었다'라는 문장을 '바람이 휘몰아쳤다'로 수정하니 결국 문장의 뼈로만 이루어진 글이 되었습니다. 역시 튜닝의 끝은 순정이군요. 하지만 글이 너무 딱딱해서 생동감을 불어넣고 싶다면 '반짝반짝·아장아장·엉금엉금'처럼 모양이나 움직임을 나타내는 의태어나, '쌕쌕·우당탕·퍼덕퍼덕'처럼 소리를 흉내 내는 의성어를 써도 좋습니다. 그렇다고 문장마다 사용하면 동시처럼 보일 수 있으니 꼭 필요한 경우에 고명처럼 얹어보세요.

- 사람들이 지껄였다. → 사람들이 와글와글 지껄였다.

- 그가 오열했다. → 그가 꺼이꺼이 오열했다.
- 바람이 휘몰아쳤다. → 바람이 쌩쌩 휘몰아쳤다.

다시 한번 말씀드리지만 꾸밈의 정도는 취향의 차이입니다. 그러니 제가 제시한 문장을 정답이라고 생각하기보다는 제안으로 받아들여 주셨으면 합니다. 꾸밈말로 가득한 문장이라도 자신만의 톤으로 소화해 낸다면 미문이 될 수 있을 테니까요. 같은 각설이 패션이라도 입는 사람에 따라 모델처럼 보일 수 있지 않겠습니까.

원칙 정리

- 꾸밈말을 적당히 사용하는 문장이 보기에 좋다.

연습 문제

- 너무너무 세련되고 고상한 옷을 샀다. (하나의 꾸밈말로 대체해 보세요.)

  →

- 오토바이가 빠르게 달렸다. (꾸밈말의 도움이 필요 없는 동사로 대체해 보세요.)

  →

- 아이들이 모여 있다. (의태어를 사용해 생동감을 더해보세요.)

  →

제안 우아한 옷을 샀다. | 오토바이가 질주했다. | 아이들이 올망졸망 모여 있다.

문장도 주정을 부린다고?

✗	○
이 일은 처음부터 끝까지 내가 맡은 일이다.	이 일은 처음부터 끝까지 내가 도맡았다.
짧은 단편 소설을 썼다.	단편 소설을 썼다.
출판사에 원고를 투고했다.	출판사에 투고했다.

아버지는 약주를 즐겨하십니다. 그런 아버지의 주사는 했던 이야기를 거듭하는 것이지요. 개중에서도 십팔번은 신발 타령입니다. "아부지 신발은 맨 싸구려 신발이여. 나는 돈을 애끼느라 신발을 사러 가도 나이키 신발은 한 번도 사러 가 본 적이 없어." 줄줄이 낳아놓은 딸내미들을 먹이고 입히느라 당신에게는 박하게 굴며 살아온 탓이었지요. 아버지는 "우리 아부지 고생 많으셨네" 하는 위로의 말을 듣고 싶으시겠지만, 제

입에서는 "아우, 사! 제발 사! 술 마실 돈 아끼면 벌써 나이키 샀겠네!" 하는 소리가 튀어나오고야 맙니다.

이런 제가 천하의 불효자식 같으시겠지만 듣기 좋은 소리도 삼세번이라고 했습니다. 수십 년간 반복되는 신발 타령을 들어보지 않으셨다면 말도 마세요. 그런데 그거 아세요? 술주정이라도 하는 것처럼 했던 말을 반복하는 문장이 있다는 사실을 말입니다. 무릇 쓰는 이라면 독자에게 읽는 즐거움을 줘야 하거늘, 거듭되는 뻔한 소리로 괴롭히기만 한다면 이보다 더한 직무 유기는 없을 것입니다. 그렇다면, 주사 없는 깔끔한 문장을 쓰려면 어떻게 해야 할까요?

① 같은 단어를 반복하지 마세요

아버지의 신발 타령이 괴로운 이유를 분석해 보겠습니다. "아부지 신발은 맨 싸구려 신발이여. 나는 돈을 애끼느라 신발을 사러 가도 나이키 신발은 한 번도 사러 가 본 적이 없어." 첫 번째 문장에서 '신발'이 두 번 등장했습니다. 그걸로도 모자라 뒤따르는 문장에서 '신발'을 두 번 더 말했고, 그와 짝을 이루는 '사러 가다' 역시 그만큼 반복했지요. 누가 보면 염불이라도 외는 줄 알겠습니다.

"아부지 신발짝은 맨 싸구려여. 나는 돈을 애끼느라 신발을 사러 가도 나이키는 한 번도 구경해 본 적이 없어." 아버지의 말씀을 같은 단어가 반복되지 않도록 수정해 보았습니다. 문장은 짧아졌지만 전하고자 하는 바는 변함없고 표현은 오히려 풍성해졌지요. 이처럼 문장 안에 같은 단어가 반복된다면 그것을 대체할 다른 단어나 표현은 없을지 고민해 보세요.

- 이 일은 처음부터 끝까지 내가 맡은 일이다. → 이 일은 처음부터 끝까지 내가 도맡았다.
- 직원이 실수를 많이 해서 그 실수 때문에 문제가 생겼다. → 직원의 잦은 실수로 문제가 생겼다.

- 그 그림은 멋진 그림이었다. → 그 그림은 작품처럼 멋졌다.

② 당연한 꾸밈말을 쓰지 마세요

인스타그램에서 재미있는 영상을 봤습니다. 한 남자가 진지한 표정으로 수세미를 들고서 이렇게 말했지요. "이건 수세미인데요. 이걸로 설거지를 하니까 깨끗해지더라고요." 당연한 소리를 중대 발표처럼 하는 모습이 어찌나 우습던지요. 그 영상을 본 이후로 '짧은 단편 소설을 썼다'와 같은 문장을 읽으면 여지없이 웃음이 터지고야 맙니다. 제 눈에는 그 문장이 "제가 단편 소설을 썼는데요. 분량이 짧더라고요"로 읽히기 때문입니다.

'단편 소설'은 길이가 짧은 형태의 소설을 뜻합니다. '짧을 단(短)' 자를 써서 단어 자체에 짧다는 의미가 내포되어 있으니 그 앞에 구태여 '짧은'이라는 꾸밈말을 보태 두 번 말할 필요가 없지요. 같은 이유에서 '하얀 백지'나 '젊은 청년'과 같은 표현 역시 어색합니다. 백지는 원래 하얗고, 청년은 원래 젊으니까요. 문장을 꾸미기에 앞서, 꾸밈 받는 말 속에 그 뜻이 포함되어 있는지 곰곰이 생각해 보세요.

- 짧은 단편 소설을 썼다. → 단편 소설을 썼다.
- 하얀 백지에 메모를 남겼다. → 백지에 메모를 남겼다.
- 젊은 청년이 가게를 찾았다. → 청년이 가게를 찾았다.

③ 어려운 단어 속에 숨어 있는 중복 표현을 찾아보세요

'짧은 단편 소설'이라는 표현이 적절하지 않다는 사실은 누구나 금세 눈치챌 수 있습니다. 그러나 단어의 수준이 높아지면 중복 표현을 알아채기 쉽지 않지요. 이어지는 예문에는 중복 표현이 숨어 있습니다. 어떠한 단어가 어떻게 겹치는지 한번 생각해 보세요.

- 출판사에 원고를 투고했다.
- 전기가 누전되어 화재가 발생했다.
- 기한 내에 돈을 송금해야 해.

'투고'는 '신문이나 잡지 따위에 실어달라고 원고를 써서 보냄. 또는 그 원고'를 뜻합니다. '원고'와 중복되지요. '누전'은 '전기가 전깃줄 밖으로 새어 흐름. 또는 그 전류'를 의미합니다. '전기'와 중복되는군요. '송금'은 '돈을 부쳐 보냄. 또는 그 돈'을 나타냅니다. '돈'과 중복되지요? 그러니까 세 문장 모두, 같은 소리를 고상하게 반복하고 있었던 것입니다. 난도 높은 어휘를 사용해 문장을 자신만만하게 쓰는 것까지는 좋습니다. 다만, 거기에서 한 발짝 더 나아가 단어 속에 숨은 뜻과 겹치는 표현을 찾아내 삭제해 보세요.

→ 출판사에 투고했다.
→ 누전으로 화재가 발생했다.
→ 기한 내에 송금해야 해.

여태껏 술주정 같은 문장을 쓰고 계셨대도 부끄러워하실 필요 없습니다. 누구에게나 부끄러운 과거는 있는 법이니까요. 이번 장으로 얼큰하게 해장하고 새출발하기로, 약속!

원칙 정리

- 같은 단어 또는 같은 의미를 지닌 단어를 삭제하거나 다른 표현으로 대체하면 문장이 깔끔해진다.

연습 문제

- 도서관은 떠드는 곳이 아닌데 사람들이 자꾸 떠들어.

    →

- 높은 고층 아파트로 이사했다.

    →

- 벌써 낙엽이 떨어지는구나.

    →

정답 도서관에서는 정숙해야 하는데 사람들이 자꾸 떠들어. | 고층 아파트로 이사했다. | 벌써 낙엽이 지는구나. · 벌써 잎이 떨어지는구나.

말하듯이 쓰라고 해서 썼더니

✕	◯
우도에 갈려면 배를 타야 한다.	우도에 가려면 배를 타야 한다.
나에게 이런 행운이…. 꿈인가 생시인가….	나에게 이런 행운이 찾아오다니. 꿈인가 생시인가 싶다.
국뽕이 차오른다.	애국심이 차오른다.

과거의 저는 블로그에 내키는 대로 글을 쓰곤 했습니다. 하고 싶은 말을 실컷 쓰고 나면 속이 다 시원했지요. 습작이 습작인 줄도 모르고 몇 년째 글을 쓰다 보니 신문에 연재할 기회를 얻게 되었는데요. 기쁜 마음도 잠시, 원고를 쓰다 보면 턱턱 막히는 순간이 수시로 찾아왔습니다. "난… 난 있지…. 미남이 좋아. 남편이 잘생기면은 싸우다가도 얼굴 보고 화가 풀린다잖어. 백년해로를 위해 기필코 미남과 결혼할 거야!" 평소대로라

면 이러한 문장을 거리낌 없이 구사했을 텐데요. 내용도 내용이지만 문체가 수준 미달인 듯싶어 썼다가 지우기를 반복했지요.

　　말하듯이 글을 쓰라는 작법서의 조언을 따른 것뿐인데 어째서 이런 현상이 일어났을까요? 그건 평소에 하는 말 자체가 엉성하기 때문입니다. 자신의 말버릇을 곰곰이 생각해 보세요. 할 말이 선뜻 생각나지 않아 "그… 뭐더라…?" 하며 시간을 끌거나 "화장실 좀…." 하는 식으로 말끝을 흐리지 않나요? 발음을 부정확하게 하거나 신조어를 남발하지는 않으시고요? 이러한 말버릇을 그대로 옮긴다면 글은 당연히 허술해질 테지요. 그럼에도 말하듯이 쓰라는 원칙은 변함없습니다. 적당히 다듬어 단단한 문장을 만든다면 문제없거든요.

① 평소 발음 그대로를 문자로 옮기지 마세요

어느 유튜버가 패션 브랜드 '에잇세컨즈' 아르바이트생의 인사말을 성대모사 했습니다. 원래대로라면 "안녕하세요. 에잇세컨즈입니다"라고 해야 하는데, 대충 흘려 말하다 보니 "야세여. 에잇세컨즘다!"라고 인사한다는 것이었지요. 매장을 찾는 손님이 많아질수록 인사말은 더욱 흐지부지되었는데요. 결

국에는 "야세요. 다!"라고 인사하더랍니다.

아르바이트생의 목소리가 귓가에 맴돌아 웃음을 터뜨린 분도 계실 텐데요. 마냥 웃을 때가 아닙니다. 우리 역시 정확히 말하기가 귀찮아 편한 대로 발음하는 일이 많으니까요. 의사소통에 지장이 없으니 별다른 문제가 아니라고 생각할 수도 있겠습니다. 하지만 부정확한 발음을 계속하다 보면 그것을 바른 맞춤법으로 착각하는 일이 벌어집니다. 이어지는 예문처럼 말이지요.

- 우도에 갈려면 배를 타야 한다. → 우도에 가려면 배를 타야 한다.
- 샤워부터 하구 쉬면 되잖어. → 샤워부터 하고 쉬면 되잖아.

- 너가 이러면 안 된단 말야. → 네가 이러면 안 된단 말이야.

유튜버의 성대모사 영상이 유명해진 이후로, 에잇세컨즈 아르바이트생들이 또박또박 인사하기 시작했답니다. 이 글을 읽은 여러분도 이제는 정확하게 발음하고 바르게 쓸 수 있으시겠지요?

② 문장에 어울리는 끝말을 써주세요

앞서 문장에는 완결성이 있어야 한다고 말씀드렸습니다. 문장의 완결을 나타내려면 그 끝에 마침표를 찍어야 한다는 이야기도 드렸지요. 그런데 마침표를 찍기에 앞서, 반드시 해야 할 일이 있습니다. 그건 바로 문장을 끝맺는 적당한 말을 써주는 것이지요. 호박에 줄을 그어도 수박이 되지 않는 것처럼, 못난 문장에 마침표를 찍는다고 해서 고운 문장이 되지는 않거든요.

대화하며 말끝을 흐리는 사람, 저뿐만은 아니겠지요. 말재주가 없어서 어수룩하게 말하게 된다는 사실을 모르지 않습니다. 다행인 건, 글을 쓰면서는 이러한 단점을 충분히 극복할 수 있다는 점입니다. 시간을 들여 천천히, 문장에 어울리는 끝말을 찾으면 되거든요. 그렇게 찾은 끝말이 '같아요'나 '되세요'라면 그것이 문장과 어울리는지 한 번만 더 점검해 보세요. '같아요'는 문장을 지나치게 겸손하게 만들고, '되세요'가 아닌 '보내세요'가 바른 끝말일 때가 있거든요.

- 나에게 이런 행운이…. 꿈인가 생시인가…. → 나에게 이런 행운이 찾아오다니. 꿈인가 생시인가 싶다.
- 책이 재미있는 것 같아요. → 책이 재미있어요.
- 즐거운 하루 되세요. → 즐거운 하루 보내세요.

③ 신조어는 지양하세요

세상에는 재미있고 기발한 신조어가 많습니다. 표준어로는 대체할 수 없는 신조어도 있습니다. 이 신조어를 이 자리에 쓰면 독자가 웃겨서 뒤집어질 것 같다는 예감이 들기도 합니다. 하지만 글쓰기 학원에 다닐 때 선생님이 해주셨던 말씀을 떠올리며 신조어를 쓰고 싶은 욕심을 내려놓습니다. "웬만하면 신조어는 쓰지 마세요. 책을 한번 써두면 몇 년이고 꾸준히 팔릴 텐데 신조어는 유행을 타니까 나중에 보면 오히려 촌스럽게 느껴질 수 있어요." 일상적인 글을 쓴다면 재치 있는 신조어를 사용해도 좋지만, 출판을 염두에 두고 있다면 보수적인 것이 낫습니다.

- 국뽕이 차오른다. → 애국심이 차오른다.
- 우리 아버지는 정말 대인배다. → 우리 아버지는 정말 너그러운 분이다.
- 누구에게나 흑역사가 있다. → 누구에게나 부끄러운 과거가 있다.

말하듯이 쓰되 적당히 다듬는 일을 반복한 결과, 요즘에는 이런 식으로 문장을 씁니다. "미남이 좋다. 남편이 잘생기면 싸우다가도 얼굴 보고 화가 풀린다지 않는가. 백년해로를 위해 기필코 미남과 결혼하리라." 문장은 바꿨는데 이상형은 도저히 바꿀 수가 없네요.

원칙 정리

- 말하듯이 쓰되 적당히 다듬어 단단한 문장을 만들어야 한다.

연습 문제

- 너가 이제야 언니 노릇을 할려고 하는구나.

  →

- 풍성한 한가위 되세요.

  →

- 이 가격에 이 품질이라니 혜자네요.

  →

정답 네가 이제야 언니 노릇을 하려고 하는구나. | 풍성한 한가위 보내세요. | 이 가격에 이 품질이라니 알차네요.

잘못된 만남으로 익히는
단문의 힘

혹시 랩을 해본 적 있으신가요? 없다고 대답하신 분이 태반일 것 같지만 저와 연배가 비슷하다면 십중팔구 랩을 즐겨 하셨을 것입니다. 그런 적 없다고 계속 발뺌하시는데요. 노래방에서 숨을 헐떡이며 김건모의 〈잘못된 만남〉을 부른 적이 정녕 없다는 말씀입니까! 친구에게 애인을 빼앗긴 그 유명한 노래 말입니다. 이 노래를 모를 수도 있는 이십 대 여러분을 위해 대략적인 내용을 옮겨보자면 다음과 같습니다.

    나는 너를 믿었던 만큼 내 친구도 믿었기에 부담 없이 너를 내 친구에게 소개했고 그 후로 우리 셋은 함께 어울리며 즐거운 시간을 보냈는데 언제부턴가 너는 내 친구에게 관심을 보이며 나를 멀리했고… 헥헥…! 이 노래를 불러본 적 없다면

이게 도대체 무슨 소리인가 싶을 수도 있겠습니다. 노래를 부를 때에는 마디마디 끊어 부르니 귀에 쏙쏙 들어오지만 글로 옮겨 놓으니 영 읽히질 않네요. 이것이 바로, 단문으로 글을 써야 하는 이유입니다.

① 단문이 무엇이냐고 물으신다면

짧을 단(短), 글월 문(文) 자를 쓰는 '단문'은 짧은 문장을 뜻합니다. 그런데 홑 단(單), 글월 문(文) 자를 쓰는 '단문'도 있다는 사실, 알고 계셨나요? 이는 주어와 서술어가 각각 하나씩 있는 문장을 뜻하는데요. 여러 작법서에서 글쓰기 비법으로 강조하는 '단문'은 후자에 가깝습니다만, 굳이 단문(短文)과 단문(單文)을 구별할 필요는 없을 듯싶습니다. 주어와 서술어가 각각

하나씩 있는 문장은 길이가 짧기 마련이니까요.

- 개가 짖었다. (주어+서술어)
- 사나운 개가 컹컹 짖었다. (꾸밈말+주어+꾸밈말+서술어)

단문은 간결합니다. 간결한 문장은 쓰기 쉬우니 글쓰기 초보자에게 안성맞춤이요, 긴 문장을 읽기 힘들어하는 독자와도 찰떡궁합입니다. 단문을 '단순문'이라고 부르기도 하는데요. 문장을 단순하게 쓰면 자연히 단문이 됩니다. 되도록 짧게, 가능한 한 간단하게, 한 문장에 하나의 이야기만 담아보세요.

② **복문이 무엇이냐고 물으신다면**

복문은 겹옷 복(複), 글월 문(文) 자를 씁니다. 여러 겹으로 된 문장, 그러니까 주어와 서술어가 각각 두 개 이상 있는 문장을 뜻하지요. 주어와 서술어가 거듭되니 단문에 비해 문장의 길이가 길어지겠지요?

- [개가 짖자] [고양이가 달아났다.]
- [고양이가 달아났음에도] [개는 계속 짖었고] [그 바람에 사람들이 잠에서 깼다.]

'복문'의 복 자는 '복잡하다'와 같은 한자를 씁니다. 이 말인즉, 복문은 복잡하다는 이야기겠지요. 문장이 복잡한 만큼 내용이 풍부해지는 것은 사실이지만, 글쓰기 초보자가 이러한 문장을 쓰기는 쉽지 않습니다. 까딱하다가는 비문을 쓸 수도 있거든요. 본인이 쓴 긴 문장이 영 미심쩍다면 이어지는 예문처럼 문장을 쪼개어 단문으로 쓰는 편이 낫습니다.

- 개가 짖었다. 고양이가 달아났다.
- 고양이가 달아났다. 개는 계속 짖었다. 그 바람에 사람들이 잠에서 깼다.

③ 아무래도 단문이 싫다면

이해합니다. 단문으로 써보았더니 어린아이의 일기처럼 유치해 보이기도 하고 군인의 말투처럼 무미건조해 보이기도 하지요? 하지만 단문의 가능성은 무궁무진합니다. 단문으로 쓴 글을 소리 내 읽어보세요. 그러다가 한 호흡에 읽히길 원하는 부분이 있다면 그 문장들을 합쳐보세요. 반복되는 단어를 삭제하거나 문장과 문장을 이어주는 말을 넣는 식으로 말이지요. 처음부터 복문을 쓰려면 막막하지만, 이렇게 접근한다면 유려하고 리듬감 넘치는 문장을 쓸 수 있답니다.

- **단문**

    나는 너를 믿었다. 나는 내 친구도 믿었다. 나는 아무런 부담 없이 너를 내 친구에게 소개했다. 그 후로 우리 셋은 함께 어울렸다. 우리는 즐거운 시간을 보냈다. 언제부턴가 너는 내 친구에게 관심을 보였다. 너는 나를 멀리했다.

- **단문+복문**

    나는 너를 믿었다. 그만큼 내 친구도 믿었다. 나는 아무런 부담 없이 너를 내 친구에게 소개했다. 그 후로 우리 셋은 함께 어울리며 즐거운 시간을 보냈지만, 언제부턴가 너는 내 친구에게 관심을 보이며 나를 멀리했다.

    그나저나, 친구에게 애인을 빼앗긴 화자의 뒷이야기가 궁금하지 않으신가요? 연습 문제에 그 내용을 담아두었으니 어서 확인해 보세요!

원칙 정리

- 단문은 쓰기도 쉽고 읽기도 쉽다.
- 한 문장에 하나의 이야기를 담으면 자연히 단문이 된다.
- 단문을 이어 붙이고 다듬으면 유려하고 리듬감 넘치는 문장이 된다.

연습 문제

다음 문장을 쪼개어 써보세요. 원한다면, 짧게 쪼갠 문장을 이어 붙이고 다듬어 리듬감을 살려보세요.

너와 내가 심하게 다툰 후 너와 내 친구는 내 연락을 받지 않았는데 그제야 너와 내 친구가 연인이 되었다는 사실을 알게 되었다. 세상에 이런 일이 있을 수 있냐며 내가 울자 또 다른 친구가 다 잊어버리라며 나의 어깨를 두드렸지만 나는 이 일을 죽을 때까지 잊지 못할 것 같다.

→

제안 너와 나는 심하게 다퉜다. 그 후 너와 내 친구는 내 연락을 받지 않았다. 그제야 알았다. 너와 내 친구가 연인이 되었다는 사실을 말이다. "세상에 이런 일이 있을 수 있을까." 나는 울었다. "다 잊어버려." 또 다른 친구가 내 어깨를 두드렸다. 하지만 나는 이 일을 죽을 때까지 잊지 못할 것 같다. ·

우리가 심하게 다툰 후 너와 내 친구는 내 연락을 받지 않았다. 그제야 알았다. 너와 내 친구가 연인이 되었다는 사실을 말이다. "세상에 이런 일이 있을 수 있을까." 내가 울자 또 다른 친구가 내 어깨를 두드렸다. "다 잊어버려." 하지만 나는 이 일을 죽을 때까지 잊지 못할 것 같다.

문장과 문장을 이을 때는
'dovetail' 방식으로

얼마 전 헤어진 남자 친구를 떠올리면 이가 부득부득 갈립니다. 저잣거리에 매달아 놓고 오가며 한 대씩 때리고 싶지만 그를 만나는 동안 배운 것도 많기에 분노를 자제해 봅니다. 글쓰기를 좋아하고 영어를 잘하는 그 사람 덕에 아름다운 단어를 많이 익혔거든요. 'moonbow'는 달빛을 받아 떠오르는 무지개를 뜻합니다. 어둠 속에서도 무지개가 떠오른다는 사실이 희망차게 느껴졌지요. 갑자기 세차게 쏟아지다가 곧 그치는 눈은 'snow shower'라고 하는데요. 동화 같은 어감이 제 가슴을 설레게 했답니다.

'dovetail'이라는 단어를 배울 때는 그에게 푹 빠져들고야 말았습니다. 이를 우리말로 '열장이음'이라 하는데요. 열장이

음이란 목재에 비둘기 꼬리 모양의 돌기와 홈을 만든 다음 서로 맞물리게 하여 잇는 방법을 뜻합니다. 쐐기 형태로 단단하게 맞물리기에 견고함은 물론이요, 못이나 나사를 사용하지 않기에 미적으로도 뛰어나지요. 그는 말했습니다. 모름지기 연인이라면 저 자신을 깎아가며 상대방에게 맞추는 노력을 기울여야 한다고 말입니다.

이제 와 생각해 보니 참으로 우습군요. 내가 나무냐? 네가 나무야? 깎기는 뭘 깎아! 맞추기는 뭘 맞춰! 제멋대로인 우리는 파탄을 맞이했지만 다행히 단어는 남았습니다. 서론이 길었는데요. 이다지도 긴 서론을 구구절절 늘어놓은 이유는 '이음말'을 알려드리기 위함이었습니다. 우리는 글을 쓸 적에 '그러나·그래서·그리고·하지만·그러니까'처럼 문장과 문장을 이어주는 이음말을 즐겨 사용합니다. 문장 간의 관계를 명확히 하고, 글이 자연스럽게 흘러가게 해주는 고마운 문장 성분이지만 남용은 금물입니다.

이음말이 많은 글은 초보 목수가 만든 가구 같습니다. 못과 나사로 덕지덕지 이어 붙인 것처럼 엉성하고 볼품없지요. 이음말을 자꾸만 사용하게 되는 이유는 문장과 문장 사이에 빈틈이 있기 때문입니다. 문장을 짜임새 있게 나열한다면 이음말 없이도 자연스레 맞물려 이어집니다. 정교하게 만들어진 돌기와 홈이 맞물려 이어지는 'dovetail'처럼 말입니다. 초보 목수가 만든 가구와 같은 글을 쓰고 싶지 않다면 다음 삼 단계를 따라 해보세요.

① 일단은 이음말을 삭제해 보세요. 없어도 괜찮은 것이 대부분일 테니까요

나는 너를 믿었다. ~~그리고~~ 그만큼 내 친구도 믿었다. ~~그래서~~ 나는 아무런 부담 없이 너를 내 친구에게 소개했다. 그 후로 우리 셋은 함께 어울리며 즐거운 시간을 보냈다. ~~그런데~~ 언제부턴가 너는 내 친구에게 관심을 보이며 나를 멀리했다.

② **절대로 포기할 수 없는 이음말이 있다면 남겨두어도 괜찮습니다**

나는 너를 믿었다. 그만큼 내 친구도 믿었다. 나는 아무런 부담 없이 너를 내 친구에게 소개했다. 그 후로 우리 셋은 함께 어울리며 즐거운 시간을 보냈다. <u>그런데</u> 언제부턴가 너는 내 친구에게 관심을 보이며 나를 멀리했다.

③ **그마저도 거슬린다면 이음말을 대신할 적절한 문장을 넣어 보세요**

나는 너를 믿었다. 그만큼 내 친구도 믿었다. 나는 아무런 부담 없이 너를 내 친구에게 소개했다. 그 후로 우리 셋은 함께 어울리며 즐거운 시간을 보냈다. <u>단란한 나날은 오래가지 않았다.</u> 언제부턴가 너는 내 친구에게 관심을 보이며 나를 멀리했다.

①을 거쳐 ②까지만 실행해도 충분하지만 더 나은 글을 쓰고 싶은 욕심이 있다면 ③도 시도해 보세요. 이음말을 대신할 다른 문장을 떠올리는 일이 쉽지는 않겠지만 노련한 목수가 되려면 인고의 시간이 필요한 법 아니겠습니까.

원칙 정리

- 이음말이 많은 글은 엉성하고 볼품없으므로 꼭 필요한 것만 남겨 두어야 한다.
- 이음말을 대신할 다른 문장을 넣어 짜임새 있게 구성해 보면 더욱 좋다.

연습 문제

다음 문장에서 불필요한 이음말을 삭제한 후 남겨둔 이음말을 적절한 문장으로 대신해 보세요.

일상에서 벗어나 푹 쉬고 싶었다. 그래서 좋은 호텔을 예약했다. 그런데 호텔에 가기로 한 날이 어머니의 생신이라는 사실을 뒤늦게 알게 됐다. 그래서 계획을 변경해야 했다. 하지만 환불이 되지 않아 큰 손해를 봤다.

→

제안 일상에서 벗어나 푹 쉬고 싶었다. 좋은 호텔을 예약했다. 완벽한 계획이라며 흐뭇해한 것도 잠시, 호텔에 가기로 한 날이 어머니의 생신이라는 사실을 뒤늦게 알게 됐다. 계획을 변경해야 했다. 인생은 어쩜 이리 뜻대로 되지 않을까. 환불이 되지 않아 큰 손해를 봤다.

중급 편

정교한 문장을 쓰는 기술

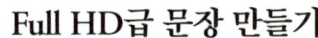

Full HD급 문장 만들기

✕	○
늦어도 일이 년 안에 이사할 예정이다.	늦어도 일 년 안에 이사할 예정이다.
김밥을 사러 가게에 갔다.	김밥을 사러 분식집에 갔다.
도서관에서 시집을 빌렸다.	오래간만에 들른 도서관에서 윤동주 시집을 빌렸다.

고등학생 시절, 부모님을 졸라 미술 학원에 등록했습니다. 그렇게 찾은 미술 학원은 저보다 앞서 그림을 그리기 시작한 친구들로 가득했는데요. 석고상의 복잡한 이목구비와 구불구불한 머리카락을 그려내는 친구들의 솜씨에 주눅이 들었지요. 흰 종이를 앞에 두고 망연자실한 저에게 선생님은 말씀하셨습니다. "어렵게 생각할 거 없어. 일단, 스케치를 하고 명암을 넣

어서 각 부위의 덩어리를 잡은 다음 세세하게 다듬으면 돼." 선생님의 지시에 따라 손을 놀리다 보면 처음에는 흐릿하기만 했던 그림이 점점 또렷해지는 마법 같은 일이 일어났답니다.

완성도 높은 문장을 쓰는 일도 이와 다르지 않습니다. 처음 쓴 문장을 스케치로 생각하고 세세하게 매만지다 보면 어느새 명료한 문장으로 변모하지요. 한강도, 김훈도, 박완서와 무라카미 하루키도 이러한 과정을 거칠 거라 믿어 의심치 않습니다. 그러니 본인이 쓴 문장이 흐리멍덩하게 느껴지더라도 글쓰기에 재능이 없다는 생각일랑 하지 마세요. 문장을 명료하게 만드는 방법은 저마다 다를 텐데요. 일단은 다음과 같은 과정을 거쳐보시기를 권합니다.

① **생각을 명확하게 정리해 보세요**

저희 형부는 욕망으로 들끓는 남자입니다. "늦어도 일이 년 안에 강남으로 이사해야지" 하는 말을 입에 달고 살거든요. 그런데 형부가 강남 타령을 할 때면 언니는 터무니없다는 듯 콧방귀를 뀝니다. "일 년이야, 이 년이야. 확실하게 말해. 365일이나 차이가 나잖아." 남편의 꿈을 무시하는 야속한 아내처럼 보일 수도 있겠습니다만, 형부가 이 말을 입에 달고 산 지 오 년

쯤 되었다는 사실을 안다면 언니의 반응을 이해할 수 있으시려나요. 저희 형부, 이래 가지고 강남에 입성할 수 있을지 모르겠습니다.

형부를 희생양으로 삼았습니다만 사실은 저 역시 얼버무리며 말하는 일이 많습니다. 마구잡이로 떠오르는 생각을 곧장 말로 옮기는 탓이겠지요. 그나마 다행인 건, 하고자 하는 말이 다소 모호하더라도 상대방과 대화를 주고받으며 구체화할 수 있다는 사실입니다. 그런데 정제하지 않은 생각을 글로 옮긴다면 어떠한 일이 벌어질까요? 독자와는 대화를 주고받을 수 없으니 알쏭달쏭한 표현을 일방적으로 쏟아내는 꼴이 될 테지요. 글을 쓰기에 앞서 생각을 명확히 정리해 보세요. 그렇다면 생각을 따라 글도 명료해질 테니까요.

- 늦어도 일이 년 안에 이사할 예정이다. → 늦어도 일 년 안에 이사할 예정이다.
- 기분이 좀 그래서 카페에 왔다. → 애인과 다툰 후 마음이 복잡해서 카페에 왔다.
- 그녀의 목소리는 뭔가 특별하다. → 그녀의 목소리는 마음을 차분하게 만드는 힘이 있다.

② 포괄적인 단어를 구체적인 단어로 바꿔보세요

글을 쓰다가 급하게 필요한 것이 있어서 가게에 다녀왔습니다. 어떤 가게냐고요? 한번 알아맞혀 보세요. 편의점? 땡! 문구점? 땡! 정답은 바로 분식집입니다. 굶주린 저의 위가 먹을 것을 급하게 요구하는 바람에 그만…. 각설하고, 여러분이 오답을 남발한 이유는 편의점과 문구점이 '가게'라는 단어에 포함되기 때문입니다. 포괄적인 단어를 읽은 사람의 머릿속에는 무수한 하위 개념의 단어가 떠오를 수밖에 없을 테지요.

포괄적인 단어로 가득한 글을 읽는 일은 저화질 영상을 보는 것과 마찬가지입니다. 무엇을 말하는지는 알아도 그 장면을 또렷하게 떠올리기는 어려우니까요. 이러한 문장이 독자의 시선을 사로잡을 수 없다는 건 두말하면 잔소리겠지요? 말하고자 하는 바를 분명하게 전달하고 싶다면 포괄적인 단어를 구체적인 단어로 바꿔보세요. 그러니까 '가게'보다는 '분식집'이 낫고, '책'보다는 '시집'이 좋다는 이야기입니다.

- 김밥을 사러 가게에 갔다. → 김밥을 사러 분식집에 갔다.
- 도서관에서 책을 빌렸다. → 도서관에서 시집을 빌렸다.
- 아이가 있었다 → 다섯 살 난 아이가 있었다.

③ 문장에 빈틈이 있다면 메워보세요

글쓰기에서 중요한 요소 세 가지를 꼽으라면 첫째는 소통, 둘째도 소통, 셋째 역시 소통이라고 말하겠습니다. 독자는 글쓴이에 대해 아무것도 모릅니다. 그런 사람에게 나의 이야기를 들려줄 때는 필요한 정보를 세세하게 전달해야 마땅하겠지요. 나와 독자는 서로 초면이라는 점을 명심하면서 문장에 빈틈이 있는지 점검해 보세요. ②에서 만들었던 짧은 문장을 이어가며 맥락을 보완해도 좋고, 다음과 같이 문장 자체에 상황을 덧붙여도 좋습니다.

- 김밥을 사러 분식집에 갔다. → 퇴근길에 김밥을 사러 단골 분식집에 갔다.
- 도서관에서 시집을 빌렸다. → 오래간만에 들른 도서관에서 윤동주 시집을 빌렸다.
- 다섯 살 난 아이가 있었다. → 다섯 살 난 아이가 해 지는 줄도 모르고 놀이터에서 놀고 있었다.

문장을 하나하나 다듬으며 글을 선명하게 만드는 일은 쉽지 않을지도 모릅니다. 생각보다 오랜 시간이 걸릴 수도 있지요. 그런데 그거 아세요? 석고상 하나를 그리는 데도 최소 네 시간이 걸린답니다. 그러니까 네 시간 이하로는 투덜거리기 없기!

원칙 정리

- 나와 독자는 초면이니 구체적인 단어를 사용해 문장을 세세하게 다듬어야 한다.

연습 문제

- 우리 동네는 꽤 좋다.

    →

- 결혼식에는 몇십 명 정도만 초대할 예정이다.

    →

- 밥을 먹었다.

    →

정답 우리 동네는 교통이 불편하지만 산책로가 잘 조성되어 있어서 좋다. | 결혼식에는 오십 명 정도만 초대할 예정이다. | 짜장면을 먹었다. · 흑백요리사 출연자가 운영하는 중식당에서 짜장면 한 그릇을 먹었다.

쿵짝이 맞아야 통하는 법

✕	○
나의 취미는 여행을 다니며 그 지역에 사는 사람들의 사진을 찍는다.	나의 취미는 여행을 다니며 그 지역에 사는 사람들의 사진을 찍는 것이다.
제니는 한국어 수업을 배운다.	제니는 한국어 수업을 듣는다. 제니는 한국어를 배운다.
퇴근 후 헬스장에 가는 것은 여간 어려운 일이다.	퇴근 후 헬스장에 가는 것은 여간 어려운 일이 아니다.

예능 프로그램 〈신서유기〉를 본 적 있으신가요? 강호동을 필두로 한 연예인들이 해외로 떠나 다양한 게임을 하며 웃음을 주는 프로그램이지요. 어휘에 관심이 많은 저는 '이어 말하기 게임'을 가장 흥미진진하게 지켜봤는데요. 한 사람이 단어 앞머리를 제시하면 다른 사람이 그 뒤에 따라와야 할 글자를 맞히

는 게임이랍니다. "쟁반?" 하고 물으면 "짜장!"이라고 대답하고, "차돌?" 하고 물으면 "박이!" 하는 식으로 외치는 것이지요.

그렇다면 '원두' 뒤에는 어떠한 글자가 따라붙어야 할까요? 대부분 '커피'라는 대답을 내놓으셨을 텐데요. 근거 없는 자신감에 가득 찬 어느 출연자는 이렇게 외쳤지요. "걸스!" 저는 '원두걸스'라는 말에 박장대소하고야 말았답니다. 단어가 호응하지 않아 우스운 상황이 발생한 것이지요. '놀라운 소녀들'을 뜻하는 걸 그룹 '원더걸스'가 졸지에 '원두처럼 향기로운 소녀들'이 되어버렸으니 웃지 않을 도리가 없지 않겠습니까.

'호응'이라는 단어가 낯설게 느껴질 수도 있을 텐데요. 이는 부를 호(呼), 응답할 응(應) 자를 쓰는 단어로, 어떠한 말이 앞에 오면 거기에 응하는 말이 뒤따라온다는 뜻을 지니고 있답니다. 하나를 알려주면 열을 아는 여러분은 문장을 쓸 때 역시 호응에 유의해야 한다는 사실을 눈치채셨겠지요? 문장의 길이가 길면 호응이 어긋난 줄 모르고 지나치는 경우가 많습니다. 내가 쓴 문장이 비문이 아닌지 확인하려면 다음과 같은 부분을 눈여겨보세요.

①   주어와 서술어가 호응하는지 살펴보세요

앞서 공부한 '문장의 뼈'를 기억하고 계시나요? '주어'는 문장의 주인공으로 '누가' 또는 '무엇이'를 나타낸다고 말씀드렸지요. '서술어'는 주어의 '정체·행동·상태'를 말해준다고 했고요. 이처럼 두 문장 성분은 긴밀하게 연결되어 있습니다. 그러니까 주어가 "쿵!" 하면 서술어가 "짝!" 하며 뒷받침해 줘야겠지요. 한마디로 쿵짝이 잘 맞아야 한다는 이야기입니다.

- 나의 취미는 여행을 다니며 그 지역에 사는 사람들의 사진을 찍는다.

주어가 '나의 취미는' 하고 서두를 열었습니다. 그런데 서술어가 '찍는다' 하며 문장을 마무리 지었네요. 주어와 서술어 사이에 이러저러한 말들이 들어갔지만, 핵심만 남기면 '나의 취미는 사진을 찍는다'라는 희한한 문장이 되어버리고야 맙니다. 취미가 사진을 찍는다니. 주어와 서술어의 쿵짝이 영 맞질 않네요. 이때, 서술어를 '찍는 것이다'라고 수정하면 문장이 한결 자연스러워지겠지요?

→ 나의 취미는 여행을 다니며 그 지역에 사는 사람들의 사진

을 찍는 것이다.

여러 개의 주어가 하나의 서술어를 공유할 때는 특히 주의해야 합니다. 서술어가 여러 개의 주어를 잘 뒷받침하고 있는 것처럼 보여도 하나하나 뜯어보면 그렇지 않은 경우도 있거든요. 이어지는 예문의 주어는 '비와 바람이'고 서술어는 '불었다'인데요. 아시다시피 바람은 불 수 있어도 비는 불 수 없습니다.

- 비와 바람이 불었다.

이 문장을 바르게 수정하려면 비와 어울리는 서술어인 '내리고'를 추가하거나, 비와 바람을 함께 뒷받침해 줄 수 있는 서술어인 '몰아쳤다'를 써주어야 합니다.

→ 비가 내리고 바람이 불었다.
→ 비와 바람이 몰아쳤다.

② 목적어와 서술어가 호응하는지 살펴보세요

목적어는 '누구를' 또는 '무엇을'에 해당하는 말로 서술어의 행동이 향하는 대상이라는 사실, 잊지 않으셨지요? 까맣게 잊으셨대도 괜찮습니다. 목적어와 서술어는 이다지도 긴밀한 사이니 쿵짝이 잘 맞아야 한다는 것만 유념해 주세요.

- 제니는 한국어 수업을 배운다.

이 문장의 목적어는 '수업을'이고 서술어는 '배운다'입니다. 그건 알겠는데 도대체 어디가 잘못됐냐고요? 어디가 잘못됐긴요. 수업은 듣는 거지 배우는 게 아니잖아요. 이 문장을 바르게 수정하려면 수업과 어울리는 서술어인 '듣는다'를 써주어야 합니다. '배우다'라는 서술어를 그대로 두고 싶다면 목적어를 '한국어를'로 수정해도 좋습니다.

→ 제니는 한국어 수업을 듣는다.
→ 제니는 한국어를 배운다.

여러 개의 목적어가 하나의 서술어를 공유할 때도 주의해야 합니다. 서술어가 여러 개의 목적어를 제대로 뒷받침하고 있지 않을 수도 있거든요. 이어지는 예문의 목적어는 '파전과 막걸리를'이고 서술어는 '마셨다'인데요. 제아무리 쯔양이라도 파전을 꿀떡꿀떡 마실 수는 없겠지요?

- 나는 파전과 막걸리를 마셨다.

이 문장을 바르게 수정하려면 파전과 어울리는 서술어인 '먹고'를 추가하거나, 파전과 막걸리를 함께 뒷받침해 줄 수 있는 서술어인 '먹었다'를 써주어야 합니다.

→ 나는 파전을 먹고 막걸리를 마셨다.
→ 나는 파전과 막걸리를 먹었다.

③ 꾸밈말과 서술어가 호응하는지 살펴보세요

문장의 뼈에 살을 붙여 맵시 있게 꾸미는 말을 무어라 하는지 기억하는 분 계실까요? 정답을 맞히실 줄 진작에 알고 있었습니다. 여러분의 대답대로 '꾸밈말'이라고 하지요. 꾸밈말은 꾸미는 역할을 하기에 문장에서 삭제해도 큰 지장이 없습니다. 뉘앙스가 달라질 수는 있어도 문법에 어긋나지는 않거든요. 그런데 꾸밈말과 서술어가 짝을 이루는 경우가 있습니다. 둘은 영혼의 단짝처럼 꼭 붙어 다니지요.

- 자칫 큰 사고로 이어질 뻔했다.
- 일절 만나고 싶지 않다.
- 모름지기 떡볶이는 매워야 한다.

어떤 꾸밈말과 어떤 서술어가 백년가약을 맺었는지 우리는 이미 잘 알고 있습니다. 평생 한국어를 쓰며 살아온 덕이지요. 하지만 원숭이도 나무에서 떨어지는 법. 이따금 실수하는 일이 벌어지기도 합니다. 특히 '여간'이라는 꾸밈말은 정말이지 헷갈립니다. 저 역시 다음과 같은 문장을 써놓고서는 어려운 일이라는 건지, 어렵지 않은 일이라는 건지 헷갈려 사전을 찾아보곤 한다니까요?

- 퇴근 후 헬스장에 가는 것은 여간 어려운 일이 아니다.

'여간'은 '보통으로 보아 넘길 만한 것임'을 뜻하는 꾸밈말로 부정을 뜻하는 '아니다'와 짝을 이룹니다. 그러니까 '여간 무엇무엇이 아니다'는 '보통으로 보아 넘길 만한 무엇무엇이 아니다'라는 뜻이지요. 이처럼 복잡한 관계를 익혀두지 않으면 '여간 어려운 일이다'와 같은 비문을 쓰기 쉽습니다. 어렵게 생각할 것 없이, '여간'은 '아니다'와 짝을 이루되 '매우 무엇무

엇이다'라는 뜻을 지녔다고 기억하시면 되겠습니다.

문장의 호응을 바로잡는 것은 여간 어려운 일이 아닙니다. 하지만 이런 옛말이 있지요. "고생 끝에?" 누구야. 누가 "골병든다!"고 대답했어! 낙이 오잖아요, 낙이!

원칙 정리

- '호응'은 어떠한 말이 앞에 오면 거기에 응하는 말이 뒤따라옴을 뜻한다.
- 주어와 서술어, 목적어와 서술어, 꾸밈말과 서술어의 호응을 확인하면 비문을 쓸 확률이 낮아진다.

연습 문제

- 두부는 단백질 함량이 높아서 다이어트 음식을 만든다.

    →

- 그녀는 영어 수업을 가르친다.

    →

- 야식의 유혹을 견디는 일은 여간 고역이었다.

    →

정답 두부는 단백질 함량이 높아서 다이어트 음식을 만들 때 쓰인다. | 그녀는 영어 수업을 한다. · 그녀는 영어를 가르친다. | 야식의 유혹을 견디는 일은 여간 고역이 아니었다.

장거리 연애 금지

✗	○
원장님은 사람들이 요가를 마음껏 할 수 있도록 수련 참석 횟수에 제한을 두지 않으신다.	사람들이 요가를 마음껏 할 수 있도록 원장님은 수련 참석 횟수에 제한을 두지 않으신다.
나는 너의 새빨간 거짓말을 다 알고 있으면서도 아무것도 모르는 척 넘겨 왔어.	나는 다 알고 있으면서도 아무것도 모르는 척 너의 새빨간 거짓말을 넘겨 왔어.
귀여운 큰아버지의 강아지가 잠을 잔다.	큰아버지의 귀여운 강아지가 잠을 잔다.

장거리 연애를 해본 적 있으신가요? 저는 있습니다. 부산이면 좋을 뻔했습니다. 독도여도 나쁘지 않았을 테고요. 저는 무려 캐나다에 있는 사람과 정을 나눴답니다. 경험자로서 경고하건대, 장거리 연애는 시간 낭비이니 시도조차 하지 마십시오. 눈

에서 멀어지면 서로의 마음을 확인하기 어렵습니다. 임자 없는 사람처럼 보이니 다른 이성이 접근하기도 쉽고요. 애인은 무조건 가까이 두세요. 그렇다면 서로를 오해할 일이 반의반으로 줄어들 테니까요.

문장 성분끼리도 장거리 연애를 하곤 합니다. 긴밀하게 연결되어야 할 문장 성분들이 멀리 떨어져 있는 것이지요. 이러한 경우, 호응이 어긋나는 문장을 쓸 가능성이 높아집니다. 장애물과 같은 여러 단어가 끼어들어 훼방을 놓기 때문이지요. 문장이 길어지면 길어질수록 이러한 문제는 더욱 깊어집니다. 훼방꾼이 훨씬 많이 등장하니까요. 해결 방안은 간단합니다. 애인을 가까이에 두는 것처럼, 호응을 이루어야 하는 문장 성분끼리 가까운 곳에 두면 되거든요.

① 주어를 서술어 가까이 두세요

단어는 사람과 달리 우직해서 잘만 짝지어주면 탈이 나지 않습니다. 문제는 중매를 제대로 서지 못하는 우리의 실력이지요. 긴 문장을 바르게 쓸 자신이 없다면 주어를 서술어 가까이에 둬보세요. 주어와 서술어의 호응을 수월하게 확인할 수 있도록 말이지요.

- 원장님은 사람들이 요가를 마음껏 할 수 있도록 수련 참석 횟수에 제한을 두지 않으신다.
→ 사람들이 요가를 마음껏 할 수 있도록 원장님은 수련 참석 횟수에 제한을 두지 않으신다.

수정 전 문장에서는 '원장님'이라는 주어와 '두지 않으신다'라는 서술어의 거리가 서울에서 캐나다만큼 멉니다. 그런데 주어를 문장 중간쯤으로 옮겼더니 서울에서 부산 정도로 가까워졌네요. 이 정도 거리라면 주어와 서술어가 문제없이 호응하는지 쉽게 확인할 수 있겠지요? 이러한 문장 구조가 복잡하게 느껴져도 좌절하지 마세요. 여러분은 이 난관을 헤쳐 나갈 수 있는 묘수를 앞선 장에서 이미 획득하셨으니까요. 우리에게는 단문으로 쪼개는 방법이 있지 않겠습니까. 그러니 다음과 같이 써볼 수 있겠지요.

→ 원장님은 수련 참석 횟수에 제한을 두지 않으신다. 사람들이 요가를 마음껏 할 수 있도록 하기 위해서다.

② **목적어를 서술어 가까이 두세요**

목적어와 서술어가 멀어져도 같은 현상이 발생할 수 있습니다. 그러니까 아래 예문에서 '너의 새빨간 거짓말을'이라는 목적어를 '넘겨왔어'라는 서술어 가까이로 옮기는 것이 좋겠지요. 수정하고 나니 목적어와 서술어가 찰싹 붙었습니다. 둘 사이를 가로막는 단어가 없으니 호응 관계도 한눈에 확인되네요. 이것 역시 복잡하게 느껴진다면 어떻게 한다? 단문으로 쪼갠다!

- 나는 너의 새빨간 거짓말을 다 알고 있으면서도 아무것도 모르는 척 넘겨왔어.
→ 나는 다 알고 있으면서도 아무것도 모르는 척 너의 새빨간 거짓말을 넘겨왔어.
→ 나는 너의 새빨간 거짓말을 다 알고 있었어. 하지만 아무것도 모르는 척 넘겨왔어.

③ 꾸밈말은 꾸밈 받는 말 가까이 두세요

머리띠는 머리에 합니다. 팔찌는 팔에 찹니다. 귀걸이는 귀에 걸고 목걸이는 목에 걸지요. 그렇다면 꾸밈말은 어디에 둬야 할까요? 고민할 것도 없이 꾸밈 받는 말 가까이에 두는 것이 좋습니다. 그래야 꾸밈 받는 말을 제대로 꾸며서 빛낼 수 있을 테니까요.

- 귀여운 큰아버지의 강아지가 잠을 잔다.
- 그건 기이한 작가의 상상력에서 비롯된 작품이었다.
- 무리하게 작은아버지가 모은 돈을 내 사업에 투자하기가 꺼려진다.

 큰아버지가 귀엽다는 걸까요, 강아지가 귀엽다는 걸까요? 작가가 기이하다는 걸까요, 그의 상상력이 기이하다는 걸까요? 작은아버지가 돈을 무리하게 모았다는 걸까요, 작은아버지가 모은 돈을 내가 무리하게 투자한다는 걸까요? 제가 보기에는 세 가지 예문 모두 후자를 뜻하는 것 같은데요. 읽는 이에 따라 전자로 받아들일 수도 있습니다. 그 이유는 '귀여운·기이한·무리하게'라는 꾸밈말의 위치가 '큰아버지·작가·

작은아버지가 모은 돈' 쪽에 더 가깝게 붙어 있기 때문이지요. 꾸밈말을 꾸밈 받는 말 가까이로 옮긴다면 이러한 오해가 더는 일어나지 않겠지요?

→ 큰아버지의 귀여운 강아지가 잠을 잔다.
→ 그건 작가의 기이한 상상력에서 비롯된 작품이었다.
→ 작은아버지가 모은 돈을 내 사업에 무리하게 투자하기가 꺼려진다.

문장 성분끼리 마음껏 사랑할 수 있도록 둘 사이를 갈라놓지 마세요. 장거리 연애의 희생자는 저 하나로 족합니다.

원칙 정리

- 문장의 호응 관계를 명확하게 하려면 주어와 서술어, 목적어와 서술어, 꾸밈말과 꾸밈 받는 말을 가까이 둬야 한다.

연습 문제

- 그는 술과 음식의 유혹을 이를 꽉 물고 견뎌낸 결과 체중 감량에 성공했다. (주어를 서술어 가까이로 옮겨보세요.)

  →

- 나는 개수대에 가득한 그릇을 엄마가 집에 온다는 전화를 받자마자 미친 듯이 설거지하기 시작했다. (목적어를 서술어 가까이로 옮겨보세요.)

  →

- 결혼을 반대한다는 단호한 아버지의 말씀에 내가 놀란 건 인자했던 평소 모습과 너무나 달랐기 때문이다. (아버지의 말씀이 단호했다고 읽힐 수 있도록 꾸밈말의 위치를 옮겨보세요.)

  →

정답 술과 음식의 유혹을 이를 꽉 물고 견뎌낸 결과 그는 체중 감량에 성공했다. | 나는 엄마가 집에 온다는 전화를 받자마자 개수대에 가득한 그릇을 미친 듯이 설거지하기 시작했다. | 결혼을 반대한다는 아버지의 단호한 말씀에 내가 놀란 건 인자했던 평소 모습과 너무나 달랐기 때문이다.

천생연분을 알아보는 눈

기온이 유난히 덥던 어느 봄날이었습니다. 길을 걷다 한 남자를 우연히 만났지요. 큰 키에 잘생긴 얼굴, 그에게 반하지 않을 재간이 저에게는 없었습니다. 이십 대 내내 혼신을 다해 그를 쫓아다녔습니다. 그의 얼굴을 보며 삶의 애환을 달래고 목소리를 들으며 피로를 회복했지요. 하지만 얄미운 그는 저에게 별다른 관심을 보이지 않았답니다.

그의 관심이 고팠던 저는 연애를 잘하는 친구에게 자문을 구했습니다. 친구는 말했지요. 질투심을 유발하라고 말입니다. "나 이번 주말에 선봐. 엄마가 궁합도 벌써 봤다고 하더라?" 하지만 그는 저의 어설픈 거짓말에 꿈쩍도 하지 않았습니다. "세상에 너랑 궁합 맞는 남자도 있어?" 이런, 씨. 그는 내 것으로 만들기에 난이도가 무척이나 높은 남자였습니다.

그는 결혼과는 거리가 먼 사람처럼 보였습니다. 평생을 자유롭게 살 것 같았지요. 그런데 풍문으로 듣자 하니 한 여자와 결혼해 두 아이의 아빠가 되었다더군요. 십여 년이 넘도록 애간장만 태워놓고서는 다른 여자와 결혼하다니. 그를 향한 앙금이 쉽사리 가라앉지 않았습니다. 하지만 나를 좋아하지 않는 남자에게 목매달지 말라는 교훈을 얻었기에 인생에 비싼 수업료를 수납했다고 생각하며 스스로를 위로했답니다.

그나저나 그는 저와 궁합이 맞는 남자가 세상에 없다는 사실을 그 어린 나이에 어찌 알았을까요? 제가 만일 사회적 분위기에 등 떠밀려 적당한 남자와 결혼했다면, 저도 상대방도 무척이나 괴로운 세월을 보냈을 것입니다. 이 자리를 빌어 선포하겠습니다. 나와 맞지 않는 사람과 사느니 혼자가 낫습니다. 제 주장에 동의하신다면 어영부영 결혼하려는 주변인을 뜯어말려 주십시오.

더불어, 이 글에도 짝을 잘못 만나 어색하기 그지없는 표현 열 개가 숨어 있으니 제 짝을 찾아주시기를 요청드립니다.

앞선 장에서 문장 성분이 서로 호응하지 않으면 비문이 된다고 말씀드렸던 것을 기억하고 계시지요? 그런데 그보다 더 중요한 것이 있습니다. 그건 바로 바른 호응을 익혀두는 것입니다. 무엇이 바른지 알고 있어야 틀린 표현을 찾아낼 수 있지 않겠습니까. 이리 보고 저리 보아도 어디가 틀렸는지 모르겠다고요? 정상입니다. 실수인지 모르고 쓰는 말만 쏙쏙 골라 숨겨 놓았거든요. 이어지는 정답을 살펴본 후 다시 한번 이 글을 읽어보세요. 새로운 이해의 지평이 열릴 테니까요.

① 기온이 덥다 → 기온이 높다

'기온'은 대기의 온도를 나타내는 말입니다. '온도'는 따뜻함과 차가움의 정도를 나타내는 수치이고요. '수치'는 계산하여 얻은 값을 뜻하지요. 그러니까 기온은 '대기의 따뜻함과 차가움의 정도를 나타내려 계산하여 얻은 값'이라고 할 수 있습니다. 따뜻함을 계산하여 얻은 값을 '덥다'라고 서술하는 것은 아무래도 이상합니다. 이를 '높다'라고 바꾸면 자연스럽겠지요? '덥다'라는 서술어를 그대로 유지하고 싶다면 주어를 '날씨가'라고 바꿔도 좋습니다.

② **혼신을 다하다 → 혼신의 힘을 다하다**

'혼신'은 흐릴 혼(渾), 몸 신(身) 자를 쓰는 단어로 '온몸'과 같은 뜻을 지니고 있습니다. '흐린 몸'이 '온몸'과 무슨 상관인가 싶으실 텐데요. 흐릴 혼 자는 '온통'이라는 뜻도 지니고 있답니다. 혼신의 뜻을 알고 나니 '혼신을 다하다'라는 문장이 다시 보입니다. '온몸을 다하다'라니 몹시 어색하네요. 이러한 어색함에서 벗어나려면 '혼신의 힘을 다하다'라고 써주어야 합니다. 그렇다면 '온몸의 힘을 다하다'라는 바른 문장이 되겠지요?

③ **애환을 달래다 → 슬픔을 달래다**

사람들은 '애환'이 슬픈 단어인 줄로만 압니다. 그런데 이 단어는 슬플 애(哀), 기쁠 환(歡) 자를 씁니다. 슬픔과 기쁨을 아울러 이른다는 말이지요. 이러한 연유로 '애환을 달래다'라는 문장은 비문입니다. 슬픔을 달래는 사람은 있어도 기쁨을 달래는 사람은 없으니까요. 삶의 고됨을 달랜다는 이야기를 하고 싶다면 '슬픔을 달래다' 정도로 바꾸어 쓰는 것이 옳겠습니다.

④ **피로를 회복하다 → 피로를 해소하다**

'피로'는 정신이나 몸이 지쳐 힘든 상태를 뜻하는 말입니다. '회복'은 원래의 상태로 돌이킴을 뜻하는 말이고요. 그렇다면

'피로를 회복하다'라는 말은 '정신이나 몸이 지친 상태로 돌아가다'라는 말과 진배없겠지요. 지친 상태로 돌아가고 싶은 분, 혹시 계실까요? 없으시다면 '피로를 해소하다'라고 바르게 써 주세요.

⑤ 관심이 고프다 → 관심이 그립다

'고프다'는 뱃속이 비어 음식을 먹고 싶다는 말인 만큼 '배'와 어울려 쓰입니다. 그런데 요즘 들어 '사랑이 고프다·관심이 고프다·떡볶이가 고프다'와 같은 식으로 '고프다'를 활용하는 사례가 늘어나고 있습니다. 부족함을 나타내려는 의도는 알겠지만, '배'가 주어가 아니라면 표준어가 아니라는 사실을 염두에 두고 공적인 글을 쓸 때는 사용을 지양해 주세요.

⑥ 자문을 구하다 → 자문하다

'자문'은 물을 자(諮), 물을 문(問) 자를 씁니다. 어떤 일을 효율적이고 바르게 처리하려고 그 방면의 전문가에게 의견을 묻는 것을 뜻하지요. 이 단어가 어렵게 느껴진다면 '문의'와 비슷하다고 생각해도 좋습니다. '구하다'는 상대편이 어떻게 하여주기를 청하는 것인데요. 이는 '부탁하다'로 대체할 수 있답니다. 그러니까 '자문을 구하다'는 '문의를 부탁하다'와 같은 말이겠군요. 여기까지 이해하셨다면 '연애를 잘하는 친구에게 자문을 구하다'라는 문장이 어째서 잘못되었는지도 아시겠지요? 친구에게 조언을 얻으려고 기껏 찾아가 놓고서는 나한테 문의를 부탁한다고 말하는 꼴이니까요. 내가 상대방에게 질문할 때는 '자문하다'라고만 써도 충분합니다. 상대방의 문의에 응했을 때에는 '자문에 응하다'라고 한다는 사실도 함께 알아두세요.

⑦ 난이도가 높다 → 난도가 높다

'난이도'는 어려울 난(難), 쉬울 이(易) 자를 쓰는 말로 어려움과 쉬움의 정도를 나타냅니다. 그리하여 '난이도를 조절하다'처럼 쓸 수는 있어도 '난이도가 높다'라고는 쓸 수 없답니다. 어려움과 쉬움의 정도를 조절할 수는 있지만, 어려움과 쉬움의 정도가 동시에 높을 수는 없으니까요. 어려움의 정도를 나타내고 싶다면 '난도가 높다'라고 써야 옳답니다.

⑧ 앙금이 가라앉지 않다 → 앙금이 가시지 않다

'앙금'은 녹말 따위의 부드러운 가루가 물에 가라앉아 생긴 층을 뜻합니다. 마음속에 남아 있는 개운치 않은 감정을 비유적으로 이르기도 하고요. 주의해야 할 것은 '가라앉다'와는 어울려 쓰이지 않는다는 점입니다. 앙금은 이미 물에 가라앉아 있으니 '가라앉다'라는 서술어를 구태여 쓸 필요가 없겠지요. '가라앉다' 대신 '가시다'를 사용하여 '앙금이 가시지 않다'라고 수정하면 자연스러운 문장이 된답니다.

⑨ 수업료를 수납하다 → 수업료를 납부하다

내가 돈을 내는 것을 뜻하고 싶다면 '납부'라는 단어를 써야 합니다. '수납'은 돈 따위를 받아 거두어들이는 것을 뜻하거든요. 이 말인즉, 수납(收納)은 돈을 받는 사람이 쓸 수 있는 단어라는 이야기입니다. 다른 한자를 쓰기는 하지만, 서랍 같은 곳에 물건을 넣어둘 때 역시 수납(受納)이라는 말을 사용하는데요. 곰곰이 궁리한 끝에 수납을 대체할 만한 새로운 단어 하나를 떠올렸습니다. 그것은 바로 '꿀꺽'입니다. 서랍도 물건을 삼키듯 꿀꺽하니까요. 수납은 꿀꺽, 다른 이가 내 것을 가져가는 일. 쉽게 기억할 수 있겠지요?

⑩ 자리를 빌다 → 자리를 빌리다

'빌다'는 바라는 바를 이루게 해달라고 간청할 때, 잘못을 용서해 달라고 호소할 때 사용하는 단어입니다. '빌리다'는 물건이나 돈을 도로 돌려주거나 대가를 갚기로 하고 얼마 동안 쓸 때, 남의 말이나 글 따위를 취하여 따를 때, 어떤 일을 하기 위해 기회를 이용할 때 사용하는 단어고요. 그렇다면 '자리를'은 무엇과 어울려 써야 할까요? 맞습니다. '빌리다'지요. 어떤 일을 하기 위해 기회를 이용하는 거니까요. '빌다'라는 단어를 몸으로 표현해 본다면 더욱 정확히 기억할 수 있습니다. 두 손을 싹싹 비비는 포즈를 취하며 "이 자리를 빌어…" 하고 말한다면 모양새가 영 이상할 테니까요.

원칙 정리

- 문장 성분의 바른 호응을 익혀두어야 글에서 틀린 표현을 찾아낼 수 있다.

연습 문제

- 시험 난이도가 높다는 선생님의 말씀에 혼신을 다해 공부했다.

  →

- 기온이 추운 날 긴 외근을 마친 후 사우나에서 피로를 회복했다.

  →

- 자문에 응해주신 지도 교수님께 이 자리를 빌어 깊은 감사의 말씀을 전합니다.

  →

정답 시험 난도가 높다는 선생님의 말씀에 혼신의 힘을 다해 공부했다. | 기온이 낮은 · 날씨가 추운 날 긴 외근을 마친 후 사우나에서 피로를 해소했다. | 자문에 응해주신 지도 교수님께 이 자리를 빌려 깊은 감사의 말씀을 전합니다.

'우후죽순'은 언제 적 말일까?

박찬호 선수의 팬이 인터넷에 이러한 글을 썼습니다. 언젠가 박찬호 선수와 관련된 전시회가 열렸답니다. 글쓴이는 그가 직접 도슨트로 나선다는 소식을 듣고 그곳을 찾았는데 사십 분으로 예정되어 있던 해설이 두 시간 넘도록 이어지더랍니다. 부모와 함께 온 아이들은 바닥에서 뒹굴며 울부짖었고 글쓴이도 힘이 들어 실신할 뻔했다지요. 그에게 사인을 받으려고 줄을 섰다가 앞 사람과의 대화가 끝날 기미가 보이지 않아 자리를 떴다는 이야기나, 그가 화장실 갈 시간도 주지 않고 강연을 이어가는 바람에 다리를 꼬면서 용변을 참았다는 사연은 이미 유명합니다.

아시다시피 박찬호 선수는 말하기를 몹시도 좋아합니다.

그리하여 우리는 수다스러운 사람을 표현할 때 이렇게 말하기도 하지요. "남편이 박찬호 선수처럼 말이 많아서 귀에 딱지가 앉을 지경이에요!" 남편을 수다쟁이라고 표현해도 뜻하는 바는 크게 달라지지 않을 텐데 굳이 박찬호 선수의 이름을 빌리는 이유는 무엇일까요? 그건 듣는 이에게 생생하고 구체적인 인상을 남기기 위함일 것입니다. '수다쟁이'라는 단어를 들었을 때는 '말이 많다'라는 밋밋한 생각만 떠오르지만 '박찬호'라는 이름을 듣는 순간 그가 지닌 특유의 이미지들이 물밀듯 밀려올 테니까요.

이처럼 표현하고자 하는 대상을 다른 대상에 빗대어 표현하는 것을 '비유법'이라고 합니다. 우리는 일상에서 비유법을 자연스레 사용하고 있습니다. "채식을 해도 코끼리처럼 먹으면 살이 찌지 안 찌겠니"라든지 "자동차가 매연을 뿜듯이 사람도 방귀를 뀌는 거야"처럼 말입니다. 문장을 쓸 때도 그리하면 좋으련만 백지 앞에서는 자꾸만 경직되다 보니 딱딱한 문장만 쓰게 됩니다. 그렇다면 어떻게 해야 비유법을 자유자재로 활용하여 생생한 문장을 쓸 수 있을까요?

① 비유법을 쓰고 싶다면 세 단계를 거치세요

어느 비흡연자가 인터넷에 이러한 하소연을 올렸습니다. '배변 패드를 두고 그 옆에 오줌을 싸는 개가 있듯이 흡연 부스를 두고 꼭 밖에 나와서 담배를 피우는 사람이 있다'고 말입니다. 백 번을 죽었다 깨어나도 이렇게 참신한 문장을 쓸 수 없을 것 같다는 생각에 잠시 의기소침해졌습니다. 하지만 비유가 담긴 문장을 쓰는 기본적인 방법은 누구에게나 동일하게 적용된다는 생각에 다시금 힘을 냈지요.

1. 표현하고자 하는 대상(A)을 정합니다.
2. 그 대상과 공통점이 있는 다른 대상(B)을 떠올립니다.
3. A와 B를 '같이·처럼·듯이' 따위의 말로 연결하거나 'A는 B이다'라고 쓰면 완성!

앞선 문장을 한번 분석해 볼까요? 표현하고자 하는 대상은 '흡연 부스 밖에서 담배를 피우는 사람'입니다. 그 대상과 공통점이 있는 다른 대상은 '배변 패드 옆에 오줌을 싸는 개'이지요. 이 둘을 '듯이'로 연결한 것이랍니다. 연결하는 말 없이 '흡연 부스를 두고 밖에 나와서 담배를 피우는 사람은 배변 패드를 두고 그 옆에 오줌을 싸는 개다'라고 쓸 수도 있겠고요.

② **뻔한 비유법 사용을 지양하세요**

"옛날 옛적, 비가 그친 뒤에 축축하게 젖은 땅을 어떤 사람이 바라보고 있었어요. 그런데 거기서 죽순이 막 솟아나는 걸 발견한 거지. 그 사람은 이렇게 생각했어요. '어떤 일이 한때에 많이 일어나는 걸 우후죽순이라고 표현하면 되겠구나!' 우후죽순이라는 말을 처음 들은 사람들은 그 표현이 신선하다고 생각했고 너도나도 따라 쓰기 시작했어요. 그 결과 이제는 뻔한 표현이 되어버린 거죠. 글 쓸 때 뻔한 비유는 쓰지 마세요. 글맛 떨어지잖아요." 어떻게 하면 좋은 글을 쓸 수 있냐는 저의 질문에 어느 신문사 부장님께서 해주신 조언이랍니다.

이처럼 습관적으로 사용하는 비유를 '죽은 비유'라고 합니다. A와 B 사이의 공통점을 추론해 보는 재미를 독자에게서 빼앗아 버리는 것이 죽은 비유의 단점입니다. 독자는 그 비유를 수없이 들어봤기에 상상력을 굳이 발휘할 필요가 없는 것이지요. 문제점은 이뿐만이 아닙니다. 다른 이가 만든 표현을 그대로 쓰다 보면 문장에 개성이 담기지 않음은 물론이겠고요. 독자에게 재미를 주면서도 개성이 살아 있는 문장을 쓰고 싶다면 새로운 비유를 궁리해 보세요.

③ 뻔한 비유법을 살짝 비틀어 보세요

우리가 습관적으로 쓰는 비유는 대부분 오래전에 만들어진 표현입니다. 머리로는 그 표현을 이해해도 가슴에 와닿지 않을 수 있지요. 새로운 표현을 구태여 만들 필요는 없습니다. 기존 표현을 살짝만 비틀어 현시대의 문화를 반영하면 되거든요. 다음 예문은 이러한 시각을 기반으로 만들어졌습니다. '쏜살'이 빠르기야 하겠지만 '직장인의 주말'보다 빠르지는 않을 것입니다. 저라면 '쟁반'보다는 '철판 위의 호떡'을 멍하니 바라보고 싶을 것 같습니다. '밥'하면 '배달의 민족'이지요.

- 시간이 쏜살같이 흘러갔다. → 직장인의 주말처럼 시간이 흘러갔다.

- 쟁반같이 둥근 달을 바라보았다. → 철판 위의 호떡처럼 둥근 달을 바라보았다.
- 거짓말을 밥 먹듯이 하는구나. → 거짓말을 배달의 민족 시키듯이 하는구나.

무엇보다도 중요한 것은 일상을 세심하게 관찰하는 자세입니다. 주변에서 일어나는 현상을 잘 관찰해 두어야 그것들의 공통점을 발견해 서로 연결할 수 있을 테니까요. 경험에서 우러나온 비유보다 생생한 표현은 없지 않겠습니까.

비유법을 쓸 자신이 아직도 없으신가요? 쉽게 생각하세요. '비유법'은 '비교'입니다. "얘, 옆집 누구는 학원 한번 안 다니고 일등만 잘 한다더라! 걔처럼 엄마한테 효도 좀 해봐!" 하며 비교하는 솜씨, 대한민국 국민이라면 누구나 지니고 있다는 사실을 잊지 마세요.

원칙 정리

- 비유법을 사용한 문장은 읽는 이에게 생생하고 구체적인 인상을 남긴다.
- 표현하고자 하는 대상(A)과 공통점이 있는 다른 대상(B)을 '같이·처럼·듯이' 따위의 말로 연결하거나 'A는 B이다'라고 써도 좋다.
- 뻔한 비유법을 비틀어 현시대의 문화를 반영하면 독자의 공감을 얻기 쉽다.

연습 문제

죽은 비유에 현시대의 문화를 반영하여 새로운 비유법을 만들어 보세요.

- 얼음장처럼 차갑다.

    →

- 불 보듯 뻔하다.

    →

- 쥐 죽은 듯 조용하다.

    →

제안 힙한 카페 아르바이트생처럼 차갑다. | 막장 드라마 결말처럼 뻔하다. | 노이즈 캔슬링 이어폰 낀 듯 조용하다.

고급 편

독자를 사로잡는 글쓰기 기술

"성실해라"라는 잔소리가 먹히지 않는 이유

✕	○
매사에 성실해라.	매사에 성실해져라.
행복하려고 노력 중이다.	행복해지려고 노력 중이다.
새해에는 건강하려고 한다.	새해에는 건강해지려고 한다.

자신이 늙었다는 사실을 새삼스레 느낀 여자는 어느새 어른이 되어버린 당신의 자식에게 어떤 말을 해주어야 할까 고민에 빠집니다. 자식이 행복하게 살기를 바라며 "성실해라" "사랑해라" "너의 삶을 살아라" 따위의 말을 입안에서 한참이나 굴린 끝에, 그녀는 이러한 이야기를 전달하지요. 좋은 엄마가 되어주지 못한 자신을 용서해 달라고, 당신보다 더 좋은 엄마가 되어달라고 말입니다.

양희은의 〈엄마가 딸에게〉라는 노래를 듣다 보면 열에 아홉은 눈시울을 붉힙니다. 엄마가 나에게 미처 전하지 못한 진심을 듣는 것 같은 느낌에 눈물샘이 촉촉해지는 것이지요. 하지만 울지 않는 한 사람이 있으니, 그것은 다름 아닌 저입니다. "일어나라" "결혼해라" "엄마를 위할 줄 알아라" 하는 잔소리를 즐겨 하시는 저희 어머니의 입에서 저러한 말이 나올 리 없다는 것을 알기도 하거니와, '성실해라'가 틀린 말이라는 사실에 신경이 쏠리기도 하는 탓입니다.

여러분이 아홉에 속하는 사람이라서 눈물을 훔치고 계셨대도 '성실해라'가 틀린 말이라는 문장을 읽는 순간 눈물이 쏙 들어갔을 것입니다. 여기까지 차근차근 공부해 왔다면 우리말에 관심이 많은 분일 테니까요. 어머니를 향한 절절한 마음은 잠시 뒤로 하고 '성실해라'가 어째서 틀린 말인지 파헤쳐 봅시다. 이를 알기 위해서는 '동사'와 '형용사'를 이해하는 것이 우선입니다.

① **동사와 형용사**

'생쥐가 요리한다'라는 문장에서 서술어는 무엇일까요? '음식이 맛있다'라는 문장에서는요? 180쪽으로 돌아가 슬쩍 커닝해도 좋고 이어지는 내용에서 정답을 확인해도 좋습니다. '생쥐가 요리한다'에서는 '생쥐가'라는 주어의 행동을 설명하는 '요리한다'가 서술어입니다. '음식이 맛있다'에서는 '음식이'라는 주어의 상태를 설명하는 '맛있다'가 서술어고요. 이처럼 서술어는 주어의 '정체·행동·상태' 따위를 말해줍니다.

그런데 이 서술어 자리는 아무에게나 주어지는 것이 아닙니다. 동사나 형용사가 차지할 수 있지요. '동사'는 동영상처럼 시간의 흐름 속에서 일어나는 행동을 나타냅니다. 요리를 하려면 부지런히 행동해야 하니 '요리하다'는 동사겠지요? '형용사'는 사진처럼 순간적인 상태를 나타냅니다. 맛은 입안에서 느껴지는 음식의 상태이니 '맛있다'는 형용사일 테고요.

- 먹다·놀다·달리다 = 행동 = 동사
- 작다·길다·기쁘다 = 상태 = 형용사

② 동사와 형용사를 구별하는 방법

'늙다'는 동사일까요, 형용사일까요? 나이를 많이 먹은 건 상태일 거라는 생각에 형용사라고 대답한 분이 대부분일 것 같은데요. 땡! 정답은 동사입니다. 인지하지 못하실 테지만 우리는

지금 이 순간에도 늙고 있습니다. 나이를 많이 먹은 상태에 머물러 있는 것이 아니라 젊음에서 늙음으로 향해 가고 있는 것이지요. 반면 '젊다'는 형용사입니다. 젊음은 찰나의 순간이니까요. 지금보다는 일 초 전이, 일 초 전보다는 한 시간 전이 젊어도 더 젊지 않겠습니까.

동사와 형용사를 구별하는데 노화의 원리까지 파고들어야 한다니 여간 골치 아픈 것이 아니지요? 그리하여 더욱 간단한 방법을 준비해 보았습니다. 그건 바로, 단어 뒤에 '-고 있다'를 붙여보는 것입니다. '-고 있다'는 앞말이 뜻하는 행동이 진행되고 있거나, 그 행동의 결과가 지속됨을 나타내는 표현인데요. 행동과 관련된 표현이니 상태를 뜻하는 형용사와 결합할 수 없겠지요. '늙고 있다'는 자연스럽지만 '젊고 있다'는 부자연스럽습니다. 그러니까 '늙다'는 동사요, '젊다'는 형용사라는 말입니다.

- 먹고 있다·놀고 있다·달리고 있다 (○) = 동사
- 작고 있다·길고 있다·기쁘고 있다 (×) = 형용사

동사와 형용사를 구별하는 또 하나의 방법이 있는데요. 단어 뒤에 '-어라' 또는 '-아라'를 붙여 명령형을 만들어보는 것입니다. 명령은 어떠한 행동을 하도록 요구하는 것이니 상태를 뜻하는 형용사와 어울리지 않겠지요?

- 먹어라·놀아라·달려라 (○) = 동사
- 작아라·길어라·기뻐라 (×) = 형용사

동사와 형용사를 구별하는 방법은 이 밖에도 여러 가지가 있습니다. 앞서 제시한 방법이 모든 경우에 들어맞지는 않겠지만, 일상적인 글을 쓸 때 동사와 형용사를 일일이 구별할 필요는 없으니 이 정도만 알아도 충분하지 않을까 싶습니다.

그렇다면 '성실하다'는 동사일까요, 형용사일까요? 동영상보다는 사진에 가까우니 형용사인 것 같기는 한데요. '성실

하고 있다'는 부자연스러우니 형용사가 확실하겠네요. '성실해라'가 어째서 틀린 말인지 드디어 속 시원하게 말할 수 있게 되었습니다. 형용사는 명령형과 어울리지 않기 때문입니다! 엄마가 딸에게 성실한 삶을 살라는 당부를 하고 싶다면 "성실해져라"라고 말해야 합니다. 형용사 뒤에 '-어지다'나 '-아지다'가 붙으면 앞말이 나타내는 상태로 변화한다는 동사가 되거든요. 그렇게 동사가 된 '성실해지다'는 '성실해져라'라는 명령형으로 비로소 활용될 수 있는 것이지요.

③ 일상에서 흔히 틀리는 표현

머리가 아프다는 사실은 잘 알겠지만 여기에서 한 발짝만, 딱 한 발짝만 더 나아가 봅시다. 지금 포기한다면 이어지는 예문이 어째서 틀렸는지 이해할 수 없거든요.

- 행복하려고 노력 중이다.
- 새해에는 건강하려고 한다.
- 오늘까지만 울고 내일부터 씩씩하려고 해.

'-려고'는 어떤 행동을 할 의도를 가지고 있음을 나타낼 때 쓰는 표현입니다. 이 역시 행동과 관련된 표현이니 상태를 뜻하는 형용사와 결합할 수 없겠지요. 그런데 이를 어쩐다! '행복하다·부지런하다·건강하다'는 형용사입니다. 동영상보다 사진에 가깝기도 하고 '행복하고 있다·부지런하고 있다·건강하고 있다'는 아무래도 어색하니까요. 그렇다면 '-려고'와는 영영 결합할 수 없는 것일까요? 아니죠. 우리에게는 방법이 있습니다. 형용사를 동사로 바꾸는 법을 방금 익혔잖아요.

형용사	동사	'-려고' 결합	완성
행복하다 →	행복해지다 →	행복해지려고 →	행복해지려고 노력 중이다
건강하다 →	건강해지다 →	건강해지려고 →	새해에는 건강해지려고 한다
씩씩하다 →	씩씩해지다 →	씩씩해지려고 →	오늘까지만 울고 내일부터 씩씩해지려고 해

고급 편의 첫 번째 파트이니만큼 쉽지 않았습니다. 하지만 문장의 달인이 되기 위한 고지가 눈앞에 있으니 힘내세요. 제가 해드릴 수 있는 말은 "또 읽어라" "공부해라" "세상에 쉬운 일이 없음을 알아라" 정도입니다. 따뜻한 말씀을 해드리지 못해 죄송합니다. 모전여전인 걸 어찌하겠습니까.

원칙 정리

- 동사는 시간의 흐름 속에서 일어나는 행동을, 형용사는 순간적인 상태를 나타낸다.
- 형용사는 '-고 있다' '-어라/-아라' '-려고'처럼 행동과 관련된 표현과는 결합할 수 없다.

연습 문제

- 앞으로는 더욱 건강해라.

    →

- 젊으려고 애쓰기보다는 세월의 흐름을 받아들일래.

    →

- 가정에 충실하려고 해.

    →

정답 앞으로는 더욱 건강해져라. | 젊어지려고 애쓰기보다는 세월의 흐름을 받아들일래. | 가정에 충실해지려고 해.

'있다'를 공부하고 있는데에

✕	◯
내가 저지른 실수를 깨닫고 있다.	내가 저지른 실수를 깨달았다.
남아 있는 반찬으로 비빔밥을 만들었다.	남은 반찬으로 비빔밥을 만들었다.
야식을 먹고있다.	야식을 먹고 있다.

앞선 장에서 동사와 형용사를 구별하는 여러 가지 방법을 알아보았습니다. 그렇다면 '있다'는 동사일까요, 형용사일까요? '있다'라는 단어 자체가 막연하게 느껴지는 탓에 동영상에 가까운 동사인지, 사진에 가까운지 형용사인지 판별하기가 쉽지 않습니다. 일단, 형용사와 결합하면 부자연스러워진다는 '-고 있다'를 붙여 봅시다. '있고 있다'라는 어색한 말이 되는 걸 보면 형용사 같기도 하네요. 확신하기에는 이르니, 형용사와는

어울리지 않는다는 '-어라'도 붙여봅시다. 어라? '있어라'라는 자연스러운 말이 되잖아? 그럼 동사란 말이야?

동사

1. 사람이나 동물이 어느 곳에서 떠나거나 벗어나지 아니하고 머물다.

   예) 내가 갈 테니 너는 학교에 있어라.

형용사

1. 사람, 동물, 물체 따위가 실제로 존재하는 상태이다.

   예) 날지 못하는 새도 있다.

보조 동사

1. (주로 동사 뒤에서 '-어 있다' 구성으로 쓰여) 앞말이 뜻하는 행동이 끝난 상태가 지속됨을 나타내는 말.

   예) 깨어 있다. / 앉아 있다. / 꽃이 피어 있다.

2. (주로 동사 뒤에서 '-고 있다' 구성으로 쓰여) 앞말이 뜻하는 행동이 진행되고 있거나 그 행동의 결과가 지속됨을 나타내는 말.

   예) 듣고 있다. / 먹고 있다. / 자고 있다.

저에게 돌을 던지지 마십시오. 저는 분명 말씀드렸습니

다. 제가 제시한 방법이 모든 경우에 들어맞지는 않는다고 말입니다. 이럴 때는 가타부타할 것 없이 국어사전을 찾아보면 됩니다. 국어사전은 문법 세계의 법전이니까요.

이제야 확실히 알겠습니다. '있다'는 동사이기도 하고 형용사이기도 합니다. 그런데 '보조 동사'라는 낯선 용어가 보입니다. 산 넘어 산이라는 생각에 한숨 쉬고 계시나요? 하지만 그 산은 뒷동산이라 넘기 어렵지 않으니 걱정은 붙들어 매세요. 보조 동사는 말 그대로 동사를 보조하는 동사거든요. 예를 들어볼까요? '앉다'는 '앉는 동작'에 초점을 맞춘 말입니다. 만일, 앉은 행동이 끝난 상태가 지속됨을 나타내려면 '있다'의 보조를 받아 '앉아 있다'라고 해야 합니다. '먹다' 역시 '먹는 동작'에 초점을 맞춘 말입니다. 먹는 행동이 진행되고 있다는 걸 보여주려면 '있다'의 보조를 받아 '먹고 있다'라고 해야 하지요.

지금까지 몇 차례 등장했던 '-고 있다'가 알고 보니 보조 동사였군요! 우리는 이 말이 보조 동사인 줄도 모르고 평생을 살아왔습니다. 보조 동사를 숨 쉬듯 자연스럽게 사용하고 있었다는 이야기지요. 그러니 보조 동사의 바른 쓰임을 굳이 고민할 필요 없이 쓰던 대로 쓰면 되겠습니다. 다만, 몇 가지만 유의해 주세요.

① **찰나의 행동은 '-고 있다'와 어울리지 않아요**

거듭 말씀드리지만 '-고 있다'는 앞말이 뜻하는 행동이 진행되고 있거나, 그 행동의 결과가 지속됨을 나타내는 표현입니다. 그렇기에 '깨닫다·도착하다·출발하다'처럼 순간적으로 발생하여 바로 끝나버리는 행동과는 어울리지 않는답니다.

- 내가 저지른 실수를 깨닫고 있다. → 내가 저지른 실수를 깨달았다.
- 경주마가 결승점에 도착하고 있다. → 경주마가 결승점에 도착했다.
- 버스가 출발하고 있으니 자리에 앉으세요. → 버스가 출발했으니 자리에 앉으세요.

② **없어도 좋을 '있는'은 없애야 미덕**

이태준의 책 《문장강화》에는 이러한 말이 나옵니다. 없어도 좋을 말을 찾아내 없애는 신경질이 글쓰기에서는 미덕이 된다고 말입니다. 보조 동사인 '있는'을 삭제해도 뜻하는 바가 달라지지 않는다면 없애야 마땅하겠지요? 다음 예문을 보면 수정하기 전 문장이 문법적으로 틀린 건 아니지만 수정을 거친 문장이 읽기에 더욱 좋습니다.

- 남아 있는 반찬으로 비빔밥을 만들었다. → 남은 반찬으로 비빔밥을 만들었다.
- 책상 위에 놓여 있는 책을 집어 들었다. → 책상 위에 놓인 책을 집어 들었다.
- 호기심을 지니고 있는 눈망울이 밝게 빛났다. → 호기심을 지닌 눈망울이 밝게 빛났다.

③ '있다'의 띄어쓰기는 허경환처럼

앞서 '문장의 각 단어는 띄어 씀을 원칙으로 한다'라는 띄어쓰기 조항을 말씀드렸었지요? 보조 동사인 '있다'와 그 앞말 역시 띄어 쓰는 것이 원칙입니다. 그런데 서로가 쌍을 지어 쓰이다 보니 하나의 덩어리로 인식되는 경향이 강해졌습니다. 그리하여 붙여 쓰는 것도 허용해 주었답니다.

- 깨어 있다 / 앉아 있다 / 피어 있다 (원칙)
- 깨어있다 / 앉아있다 / 피어있다 (허용)

단, '-고 있다'는 붙여 쓰는 것이 허용되지 않습니다. 원칙대로 무조건 띄어 써야 하지요. '-고 있다'가 '-는 중이다'와 비슷한 말이라고 생각하면 기억하기 수월하시려나요. '먹는중이다'라고 붙여 쓰는 사람은 없을 테니까요. 이마저도 어렵게 느껴진다면 개그맨 허경환 씨의 유행어를 떠올려 보세요. "어쩌고저쩌고하고… 있는데에" 하며 한 박자 쉬는 순간! 그 공백을 띄어쓰기로 치환하면 되거든요.

이번 장도 쉽지 않았지요? 그래도 제가 나름 쉽게 설명하고 있는데에, 어렵다고 책장 덮으면 아니, 아니, 아니 되오!

원칙 정리

- '-고 있다'는 순간적으로 발생하여 바로 끝나버리는 행동과는 어울려 쓰이지 않는다.
- '있는'을 삭제해도 뜻하는 바가 달라지지 않는다면 없애는 것이 좋다.
- '-고 있다'는 반드시 띄어 써야 한다.

연습 문제

- 열차가 도착하고 있다.

    →

- 숨겨져 있는 비밀을 알고 싶어.

    →

- 친구가 오고있다.

    →

정답 열차가 도착했다. · 도착한다. · 들어오고 있다. | 숨겨진 비밀을 알고 싶어. | 친구가 오고 있다.

영어보다 백배 쉬운 우리말 시제

✕	◯
엄마가 보냈던 김치를 벌써 다 먹었다.	엄마가 보낸 김치를 벌써 다 먹었다.
이태원에 자주 갔었었다.	이태원에 자주 갔었다.
친구를 만나러 가고 있는 중이다.	친구를 만나러 가고 있다. / 가는 중이다.

'작심삼일'은 저를 위해 만들어진 말이 아닐까 싶습니다. 새해마다 영어를 공부하겠다고 다짐하지만 사흘도 채 가지 못해 포기하고야 마니까요. 우리말과 어순은 어쩜 이리 다르고, 외워야 할 단어는 왜 이리도 많으며, 발음은 또 어찌나 꼬부랑거리는지 공부할수록 고개를 절레절레 젓게 됩니다. 그중에서도 제가 가장 자주 실수하는 부분은 '시제 일치'입니다.

영어는 한 문장 안에서 시간의 흐름이 통일되어야 합니다. 'I knew that she was sick (나는 그녀가 아팠다는 걸 알았다)' 하는 식으로 문장에서 쓰인 동사를 과거로 일치시켜야 하지요. 그런데 저는 그 사실을 자꾸만 망각하고 'I knew that she is sick (나는 그녀가 아프다는 걸 알았다)' 하는 식으로 현재와 과거를 마구 섞어버리고야 맙니다. 구차한 변명처럼 들릴지도 모르겠지만 제가 이러한 실수를 저지르는 데는 그럴 만한 이유가 있습니다. 우리말은 시제를 유연하게 사용해도 괜찮거든요.

① 시제의 주도권을 쥔 마지막 표현

"네가 추천한 삼계탕집에 점심을 먹으러 갔는데 유명한 집이라 그런지 손님이 말도 못 하게 바글거려가지고 한참이나 기다리고 나서야 음식이 나와서 닭 다리를 허겁지겁 뜯어먹었는데 진짜 깜짝 놀란 게 별맛이 없더라." 맛있다는 얘기가 나올 줄 알았는데 맛이 없다고 해서 당황스러우셨나요?

우리말은 끝까지 들어봐야 압니다. 보통, 말하고자 하는 핵심 의미가 문장의 끝에 나오기 때문이지요. 내용도 내용이지만 시제도 그렇습니다. 문장의 앞부분에서 시제를 섞어 쓰더라도 마지막을 어떤 식으로 끝맺느냐에 따라 과거인지, 현재인지, 미래인지 결정됩니다. 문장의 마지막 표현이 시제의 주도권을 쥐고 있는 것이지요.

- 엄마가 보냈던 김치를 벌써 다 먹었다.
- 예전에는 배달 음식을 받으려면 배달원을 대면했어야 했다.
- 어제 봤던 영화는 감동적이었다.

문장의 마지막 표현이 과거인지라 앞부분 역시 과거로 통일한 예문입니다. 하지만 앞부분을 굳이 과거로 만들지 않아도 이 문장이 과거를 뜻한다는 사실은 너도 알고 나도 압니다. 이러한 문장이 틀렸다고 볼 순 없습니다만, 쓸데없는 군더더기를 붙여 과거로 만들 필요가 있을까요? 앞부분을 현재로 두는 편이 오히려 깔끔하고 자연스러운데 말이죠.

→ 엄마가 보낸 김치를 벌써 다 먹었다.
→ 예전에는 배달 음식을 받으려면 배달원을 대면해야 했다.
→ 어제 본 영화는 감동적이었다.

② 었다 vs 었었다 vs 었었었다

문장의 마지막 표현이 이다지도 중요하니 마무리를 잘 지어야겠지요? 그런 의미에서 '-었었다' 또는 '-았었다'의 뉘앙스를 제대로 이해해 두면 표현력이 한결 섬세해집니다. 이는 '-었다'나 '-았다'처럼 단순한 과거를 나타내는 말이 아닙니다. 과거에 어떤 일이 있었지만 현재에는 그 일이 이어지지 않는다는 사실을 나타낼 때 사용되지요.

- 나는 쌍꺼풀이 없었다. → 단순한 과거. 지금은 쌍꺼풀이 있을 수도, 없을 수도 있음.
- 나는 쌍꺼풀이 없었었다. → 지금과는 다른 과거. 지금은 쌍꺼풀이 확실하게 있음.

이따금 '-었었었다' 또는 '-았었었다'와 같은 표현을 쓰는 분도 계시는데요. 이는 우리말에 존재하지 않는 표현입니다.

이러한 사실을 잘 기억해 둔다고 하더라도 무의식중에 '-했었었다'와 같은 표현을 사용하기 쉽습니다. 얼핏 보기에는 '-었었다'처럼 보이기 때문이지요. 그러나 '-했었었다'는 '-하였었었다'가 줄어든 말로, '었'이 세 번 반복된 틀린 표현이랍니다.

- 맵고 짠 음식을 즐겨 먹었었었다. → 맵고 짠 음식을 즐겨 먹었었다.
- 이태원에 자주 갔었었다. → 이태원에 자주 갔었다.
- 주말마다 등산을 했었었다(=하였었었다). → 주말마다 등산을 했었다(=하였었다).

③ **진행을 나타내는 표현 겹쳐 쓰지 않기**

192쪽에서 술주정이라도 하는 것처럼 했던 말을 반복하는 문장은 좋지 않다고 말씀드렸던 것을 기억하시나요? 깔끔한 글을 쓰고 싶다면 반복되는 표현을 삭제해야 마땅합니다. 그렇다면 다음 예문에서 무엇이 반복되는지 찾아보세요.

- 친구를 만나러 가고 있는 중이다.
- 노력하고 있는 중이니 닦달하지 마.
- 그는 안간힘을 쓰고 있는 중이었다.

앞선 장에서 '-고 있다'는 앞말이 뜻하는 행동이 진행되고 있거나, 그 행동의 결과가 지속됨을 나타내는 표현이라고 말씀드렸습니다. 더불어 '-는 중이다'와 비슷한 표현이라고도 이야기해 드렸지요. 두 표현이 비슷한 의미를 지녔으니 구태여 겹쳐 쓸 필요가 없겠지요?

→ 친구를 만나러 가고 있다. / 친구를 만나러 가는 중이다.
→ 노력하고 있으니 닦달하지 마. / 노력하는 중이니 닦달하지 마.
→ 그는 안간힘을 쓰고 있었다. / 그는 안간힘을 쓰는 중이었다.

평소에는 신경 쓰지 않던 우리말 시제를 공부하려니 머리가 지끈거릴지도 모르겠습니다. 그래도 힘을 내세요. 영어에는 시제가 열두 개나 있는걸요. 그에 비하면 우리말은 양반입니다.

원칙 정리

- 문장의 마지막 표현이 시제를 결정하므로 앞부분의 시제를 통일하지 않아도 괜찮다.
- '-었었다'는 과거에 어떤 일이 있었지만 현재에는 그 일이 이어지지 않는다는 사실을 나타낼 때 사용한다.
- 진행을 나타내는 '-고 있다'와 '-는 중이다'는 겹쳐 쓰지 않는다.

연습 문제

- 친구가 추천했던 책을 읽었다.

    →

- 예전에는 그 가수를 좋아했었었다.

    →

- 운동하고 있는 중이라 전화가 온 줄 몰랐어요.

    →

정답 친구가 추천한 책을 읽었다. | 예전에는 그 가수를 좋아했었다. | 운동하고 있어서 · 운동하는 중이라 전화가 온 줄 몰랐어요.

문장이 잘못 쓰여졌네?

✗	○
설레이는 내 마음을 너는 알까.	설레는 내 마음을 너는 알까.
테이블 위에 커피가 놓여졌다.	테이블 위에 커피가 놓였다.
그 저고리는 한복 기능장에 의해 만들어졌다.	한복 기능장이 그 저고리를 만들었다.

이러저러한 사정으로 연년생 조카를 며칠간 돌봤습니다. 아이들은 별것도 아닌 일로 울고 떼쓰기를 반복했는데요. '참을 인'자를 그려가며 화를 다스리던 저는, 하라는 양치는 안 하고 치약을 짜 먹으며 장난을 치는 조카의 모습에 폭발하고야 말았습니다. "너 지금 뭐 해!" 겁을 먹은 조카의 눈에서 금방이라도 눈물이 쏟아질 것 같았습니다. 마음이 약해진 저는 이렇게 말했지요. "치약이 라임이한테 먹혔네. 치약은 이를 닦고 싶었는

데 목구멍으로 꿀떡 넘어가서 슬프겠다." 그러자 조카가 눈물을 훔치며 자신의 잘못을 시인하더군요.

여러분도 아이에게 시달리고 있다면 이러한 문장을 사용해 보기를 권해드립니다. "장난감이 바닥에 던져졌네. 장난감이 아프겠다." "책이 찢어졌네. 책이 속상하겠다." "우유가 식탁에 쏟아졌네. 우유가 놀랐겠다." 이는 주어가 다른 것으로부터 어떠한 행동을 당하는 문장으로 '행동의 주체'보다 '동작의 대상'이 강조됩니다.

아이가 말썽을 부렸음에도 '장난감·책·우유'가 강조되기에 아이는 잘못에서 한 걸음 물러나 있는 느낌이 들지요. 그리하여 부드럽게 나무람을 당하는 느낌이 든달까요?

- 아이가 식탁에 우유를 쏟았다. → 행동의 주체 강조
- 우유가 식탁에 쏟아졌다. → 동작의 대상 강조

행동을 당하는 문장을 만들고 싶다면 동사에 '-이-·-히-·-리-·-기-'를 붙이거나, '-아지다·-어지다'를 붙여보세요. '-되다'를 붙이는 것도 가능합니다. 그리고 이어지는 세 가지 사항을 유의한다면 금상첨화겠고요.

- 보다 → 보이다 / 먹다 → 먹히다 / 열다 → 열리다 / 안다 → 안기다
- 쏟다 → 쏟아지다 / 찢다 → 찢어지다
- 변경하다 → 변경되다

① **행동을 당할 수 없는 표현도 있어요**

차은우를 보면 심장이 두근거립니다. 설레는 가슴을 막을 길이 없지요. 이처럼 마음은 스스로 행동합니다. 이 말인즉, 다른 것으로부터 행동을 당할 수 없다는 이야기입니다. 그런데 우리는 '설레이다'라는 표현을 습관처럼 사용합니다. 행동을 당할 수 없는 '설레다'에 행동을 당하는 표현을 만드는 '-이-'를 붙였으니 잘못돼도 한참 잘못되었지요? 이와 같은 이유로 날씨는 개일 수 없고, 목은 메일 수 없답니다.

- 설레이는 내 마음을 너는 알까. → 설레는 내 마음을 너는 알까.
- 날씨가 개이면 놀러 가자. → 날씨가 개면 놀러 가자.
- 눈물이 앞을 가려 목이 메이는구나. → 눈물이 앞을 가려 목이 메는구나.

② 행동은 한 번만 당해도 충분해요

아이가 멀쩡한 스케치북을 두고 벽지에 글씨를 썼다고 가정해 봅시다. "네가 벽지에 글씨 썼지!"라고 혼낼 수도 있겠지만, 이를 행동을 당하는 문장으로 만들어 부드럽게 나무라 볼까요? "글씨가 벽지에 쓰였네. 벽지가 세수하고 싶겠다"라고 대답하셨다면 백 점 만점에 백 점입니다. '쓰였네'가 아니라 '쓰여졌네'라고 대답한 분도 계실 텐데요. 이분들께는 백 점 만점에 이백 점을 드리겠습니다. 이게 무슨 소리인가 싶으시지요? 한마디로 과하다는 말씀입니다. '쓰이다'만으로 행동을 당한다는 사실이 충분히 나타났건만, 여기에 '-어지다'라는 군더더기를 붙인 것이지요.

- 쓰다 + -이- = 쓰이다 (○)
- 쓰이다 + -어지다 = 쓰여지다 (×)

같은 이유에서 '놓여지다·잊혀지다·찢겨지다' 역시 잘못된 표현입니다. 행동은 한 번만 당해도 충분하니까요.

- 회의실 테이블 위에 커피가 놓여졌다. → 회의실 테이블 위에 커피가 놓였다.
- 그는 내 기억 속에서 점점 잊혀졌다. → 그는 내 기억 속에서 점점 잊혔다.
- 찢겨진 돈을 도로 붙였다. → 찢긴 돈을 도로 붙였다.

③ 행동을 당하는 문장을 남용하지 마세요

앞서 말씀드렸다시피, 행동을 당하는 문장에서는 '행동의 주체'보다 '동작의 대상'이 강조됩니다. 그러다 보니 행동의 주체가 돋보이지 않지요. 육아를 할 때는 이러한 문장이 유용할지 몰라도 글을 쓸 때는 그렇지 않습니다. 행동의 주체가 돋보이지 않는 문장을 반복해서 사용하다 보면 글이 흐리멍덩해지기 십상이니까요. 명쾌한 글을 쓰고 싶다면 행동을 당하는 문장은 꼭 필요할 때만 써주세요.

- 그 저고리는 한복 기능장에 의해 만들어졌다. → 한복 기능장이 그 저고리를 만들었다.

- 의사의 정확한 진단이 요구된다. → 의사가 정확하게 진단해야 한다.
- 회의 일정은 우리 쪽에서 조정되어야 할 것으로 보인다. → 우리가 회의 일정을 조정하는 게 좋겠다.

막바지를 향해갈수록 만만치 않은 내용이 이어지고 있습니다. 완독을 코앞에 두고 책 읽기를 포기하시는 건 아니겠지요? 어어, 책장이 덮였네. 책이 서운하겠다.

원칙 정리

- 주어가 다른 것으로부터 어떠한 행동을 당하는 문장은 '행동의 주체'보다 '동작의 대상'이 강조된다.
- 명쾌한 글을 쓰고 싶다면 행동을 당하는 문장은 꼭 필요할 때만 써야 한다.
- '설레다·개다·메다'처럼 스스로 행동하는 단어는 당하는 표현으로 만들지 않는다.
- 행동은 한 번만 당해도 충분하므로 행동을 당하는 표현을 겹쳐 쓰지 않는다.

연습 문제

- 봄이 오니 가슴에 설레인다.

  →

- 바람이 불어 책장이 덮여졌다.

  →

- 그 보고서는 실무자에 의해 작성되었다.

  →

정답 봄이 오니 가슴이 설렌다. | 바람이 불어 책장이 덮였다. | 실무자가 그 보고서를 작성했다.

우리말을 밋밋하게 만드는
번역체 삼총사

✗	○
오늘 오후 회의를 가지겠습니다.	오늘 오후 회의를 개최하겠습니다.
창문을 통해 바람이 불어왔다.	창문 너머에서 바람이 불어왔다.
그녀에 대한 소문이 무성했다.	그녀를 둘러싼 소문이 무성했다.

조카 육아 한풀이를 조금만 더 해도 될까요? 아이들은 잠자리에 들기 전, 책을 읽어달라고 졸랐습니다. 당장이라도 쓰러져 자고 싶었지만 조카들의 간청을 외면할 수 없었던 저는 구연동화 한마당을 펼쳤지요. 한 아이가 겁도 없이 괴물을 귀찮게 했습니다. 괴물은 성가신 아이를 잡아먹으려고 했는데요. 아이는 그런 괴물을 피하려다가 쫘당 넘어지고야 맙니다. 그 상황이 어찌나 우스운지 괴물과 아이 모두 웃음을 터뜨렸지요.

괴물은 아이를 잡아먹지 않았습니다. 함께 웃음을 나눈 아이를 잡아먹는 건 쉬운 일이 아니었으니까요.

조카들은 다음 날도, 그다음 날도 똑같은 책을 읽어달라고 했습니다. 처음에는 책을 그대로 읽다가 '쉬운 일이 아니었다'라는 문장이 아무래도 어려운 것 같아 '어려운 일이었다'라고 바꿔 읽었지요. 그러자 조카가 대뜸 외치더군요. "이모, 아이를 잡아먹는 건 쉬운 일이 아니라고 해야지!" 녀석, 스물 다음이 서른셋이라고 우기기에 바보인 줄 알았더니만 생각보다 똑똑한걸? 조카는 어른이 되어서도 '쉬운 일이 아니었다'라는 문장을 즐겨 사용하지 않을까 싶습니다. 어린 시절 익힌 문장은 기억에서 쉬이 사라지지 않을 테니까요.

여러분은 어린 시절에 어떤 책에서 어떠한 문장을 익히셨나요? 우리가 어렸을 때만 해도 번역된 동화가 훨씬 더 많았으니 번역서를 많이 접하지 않으셨을까 미루어 짐작해 봅니다. 평소 사용하는 문장에 번역체가 녹아 있는 것도 이 때문이겠지요. 앞서 배운 '행동을 당하는 문장'이 대표적인 번역체입니다. 앞에서 익힌 '모호한 지시어'와 '-들'이나 '의'를 남용하는 것 역시 그 흔적이지요. 지금까지 거슬리는 번역체를 살펴봤다면, 이번에는 우리말을 밋밋하게 만드는 번역체를 짚어보려고 합니다.

① **가지다**

'회의를 개최하다·반항심을 품다·남매를 뒀다' 따위의 말을 영어로 옮기려면 여간 골치 아픈 것이 아닙니다. '개최하다·품다·두다'를 영어로 뭐라고 해야 할지 막막하니까요. 그런데 원어민은 어려운 동사를 쓰지 않는다지요. 전부 'have' 하나로 해결된답니다. 이렇게 쉬운 거였어? 안심하는 것도 잠시. 여기에서 또 다른 문제가 비롯됩니다.

have가 쓰인 영어 문장을 우리말로 옮기다 보면 '가지다'

라고 번역하기 십상입니다. 그 결과 '가지다'로 도배된 글이 완성되겠지요. 번역서를 읽고 자란 우리는 이러한 문장에 익숙해진 지 오래입니다. 그러니 문장을 쓸 때 '가지다'라는 표현이 나온다면 한 번쯤 의심해 보세요. 그보다 더 풍성한 표현이 하나둘 떠오를 테니까요.

- 오늘 오후 회의를 가지겠습니다. → 오늘 오후 회의를 개최하겠습니다.
- 그는 다양한 면모를 가진 사람이다. → 그는 다양한 면모를 지닌 사람이다.
- 그녀는 연년생 남매를 가진 엄마다. → 그녀는 연년생 남매를 둔 엄마다.

② -을(를) 통해

'-을(를) 통해'라는 표현 역시 우리말을 밋밋하게 만드는 주범입니다. 'through'를 획일적으로 번역한 결과지요. 통한다는 표현이 다양한 문맥에서 통하다 보니 이를 통해 게으른 문장을 쓰곤 하는데요. '통한다는 표현이 다양한 문맥에 적용되다 보니 이를 이용해 게으른 문장을 쓰곤 하는데요'라고 고쳐 쓸 수 있는 것처럼, 대체할 수 있는 표현이 얼마든 있으니 문장을 쓸 때 곰곰이 궁리해 보세요.

- 창문을 통해 바람이 불어왔다. → 창문 너머에서 바람이 불어왔다.
- 육교를 통해 길을 건넜다. → 육교로 길을 건넜다.
- 경험을 통해 어른이 된다. → 경험을 발판으로 어른이 된다.

③ -에 대해

저도 몹시 즐겨 사용하는 '-에 대해'가 등장하고야 말았습니다. 이는 'about'을 그대로 옮기며 굳어진 습관이지요. 이것이 번역체인 줄 알면서도 대체할 말을 찾는 일이 쉽지 않아 번번이 시치미를 떼며 사용해 왔습니다. '-에 대해'를 삭제하면 문장이 오히려 간결해지기에 그리하기도 했고요. 하지만 이번 장에서는 문장을 풍성하게 만드는 것에 집중하기로 했기에 심기일전하여 '-에 대해'를 대신할 말을 가져와 봤습니다.

- 그녀에 대한 소문이 무성했다. → 그녀를 둘러싼 소문이 무성했다.
- 이 문제에 대해 한번 논의해 보자. → 이 문제를 두고 한번 논의해 보자.

- 정치에 대한 얘기는 사양할게. → 정치를 주제로 한 얘기는 사양할게.

  우리말의 고유성을 지켜야 한다며 번역체를 배척하는 분들도 계십니다. 하지만 저는 번역체를 과하게 사용하지만 않는다면 큰 문제가 되지 않는다고 생각하는 편입니다. 말이란 시대에 따라 변하는 거니까요. 그럼에도 번역체를 주제로 한 글을 쓴 이유는 같은 표현을 무심코 반복하는 습관을 돌아보자는 뜻이었습니다. 그래야 유려한 문장을 쓸 수 있을 테니까요. 신경 써야 할 것이 한두 개가 아니지요? 더 나은 문장을 쓰는 건 쉬운 일이 아니랍니다.

원칙 정리

- '가지다·-을(를) 통해·-에 대해'가 반복적으로 등장하면 글이 밋밋해질 수 있으므로 이를 대체할 말을 찾아보자.

연습 문제

- 경찰은 이번 사건에 사명감을 가지고 있다.

    →

- 그녀는 실패를 통해 성장했다.

    →

- 문학에 대해 토론하려면 독서를 통해 지식을 쌓아야 한다.

    →

정답 경찰은 이번 사건에 사명감을 지니고 있다. | 그녀는 실패를 발판으로 성장했다. | 문학을 주제로 토론하려면 독서로 지식을 쌓아야 한다.

여기까지 공부했으면
거의 다 하신 거야

✕	○
이 건물은 제가 아시는 분이 지었어요.	이 건물은 제가 아는 분이 지었어요.
교수님이 너 교수실로 오시래.	교수님이 너 교수실로 오라고 하셔.
주문하신 아메리카노 나오셨습니다.	주문하신 아메리카노 나왔습니다.

예능 프로그램 〈무한도전〉에서 멤버들이 백숙을 먹고 있었습니다. 눈 깜짝할 사이에 비어버린 정준하의 그릇을 본 광희는 백숙을 덜어주겠다며 빈 그릇을 향해 손을 뻗었지요. 정준하는 그릇에 백숙을 그득하게 담는 광희에게 퉁을 놓았습니다. "왜 이렇게 많이 줘! 됐어, 됐어!" 그러자 광희가 대꾸했습니

다. "어차피 다 드실 거잖아. 맨날 그러고 다 드시면서 왜 두 번 뜨게 해. 한 번에 다 드셔 그냥. 몇 번을 달라고 해!" 따발총 같은 광희의 말에 정준하는 얼이 빠졌고 멤버들은 그 모습에 웃음을 터뜨렸답니다.

광희의 재미있는 말투, 여러분도 써본 적 있으신가요? 흔히 '반존대'라고 이르는 이 말투는 반말과 존댓말이 섞인 것으로 나이 지긋한 어르신에게 아랫사람이 쓰곤 하지요. 존댓말을 하자니 너무 딱딱하고, 그렇다고 반말을 하기에는 버릇없어 보이니 두 가지를 적당히 섞어서 정감을 표현하는 것인데요. 모르긴 몰라도, 이러한 말투는 우리나라에만 존재하지 않을까 싶습니다. 신비하고 재미있는 존댓말의 세계. 광희의 말투를 차근차근 살펴보며 공부해 볼까요?

① **문장을 끝맺는 말로 상대를 높이거나 낮출 수 있어요**

듣는 사람과 말하는 사람의 관계에 따라 문장을 끝맺는 방법이 달라집니다. 격식을 갖추어 말해야 하는 자리인지, 그렇지 않은 자리인지에 따라 달라지기도 하지요. 맺음말의 높임 표현은 총 여섯 단계로 나뉘는데요. '하게'나 '하오'와 같은 표현은 현대 사회에서 거의 쓰이지 않기 때문에 이를 제외한 네 가지만 살펴보도록 하겠습니다.

	격식체	비격식체
높임말	합니다	해요
낮춤말	한다	해

상대를 깍듯하게 대하는 '격식체'는 공적인 자리에서, 정감있게 대하는 '비격식체'는 사적인 자리에서 쓰입니다. 보시다시피 '한다'는 낮춤말이지만 격식을 갖춘 말이고, '해요'는 높임말이지만 격식을 갖추지 않은 말이지요. '해요'가 높임말일지라도 공적인 자리에 어울리지 않는 이유는 이 때문입니다. 그렇다면 광희가 말했던 '왜 두 번 뜨게 해'는 어디에 해당하는 말일까요? 맞습니다. 격식을 갖추지 않은 낮춤말이지요. 막내인 광희가 비격식체 낮춤말을 숨도 안 쉬고 쏟아냈으니 형님인 정준하가 얼이 빠질 수밖에 없었겠지요?

② '-시-'를 붙여 존경을 표할 수도 있어요

하지만 광희가 영 버릇이 없는 것만은 아닙니다. "어차피 다 먹을 거잖아"라고 말하는 대신 "어차피 다 드실 거잖아" 하며 나름대로 높임말을 썼으니까요. '드시다'는 '먹다'의 높임말인

'들다'에 '-시-'가 붙은 말인데요. 이처럼 동작이나 상태의 주체를 높이려 할 때 서술어에 '-시-'를 넣는답니다. 단, 높이지 말아야 할 것을 높이는 일이 빈번하게 일어나니 다음과 같은 문장을 주의하세요.

- 이 건물은 제가 아시는 분이 지으셨어요.
- 교수님이 너 교수실로 오시래.
- 주문하신 아메리카노 나오셨습니다.

첫 번째 예문에서 '아는' 동작의 주체는 '나'입니다. '아시는'이라고 말하면 나를 높이는 셈이니 '아는'이라고 말하는 것이 옳습니다. 두 번째 예문에서 '오는' 동작의 주체는 '너'입니다. '오시래'라고 말하면 너를 높이는 셈이지요. 그렇다고 '오래'라고 말하면 버릇없는 학생으로 오해받을 수도 있습니다. 오라고 말씀하시는 '교수님'을 높이는 말이 없기 때문이지요. 이때는 '하다'에 '-시-'를 붙여 '오라고 하셔'라고 말해주세요. 세 번째 예문에서 '나오신' 건 '아메리카노'지 '고객'이 아니므로 굳이 높일 필요가 없겠지요?

→ 이 건물은 제가 아는 분이 지으셨어요.

→ 교수님이 너 교수실로 오라고 하셔.

→ 주문하신 아메리카노 나왔습니다.

③ **무조건 높이지 않아도 괜찮아요**

언젠가 원고를 쓰는데 문장이 마음에 들지 않았습니다. 높이는 표현인 '-시-'가 한 문장에 여러 번 등장하는 것이 그날따라 영 거슬렸던 것이지요. 국립국어원에 문의한 결과, 일률적으로 규칙을 세우기는 어렵지만 맨 마지막 말에만 '-시-'를 넣어도 충분하다고 하더군요. 군더더기를 덜어내야 좋은 문장이 된다는 법칙이 높임말에서도 적용되는 모양입니다. 엄격하게 정해진 법칙은 없다고 하니 거슬리지 않는 선에서 적당히 덜어내 보세요.

- 아버지는 매일 아침 라디오를 들으시며 신문을 읽으시는 습관이 있으시다. (△)
- 아버지는 매일 아침 라디오를 들으며 신문을 읽으시는 습관이 있으시다. (△)
- 아버지는 매일 아침 라디오를 들으며 신문을 읽는 습관이 있으시다. (○)

높임말은 어렵고 복잡합니다. 열심히 공부한다 해도 의도와 다르게 예의에 어긋나는 말을 쓸 수도 있겠지요. 중요한 것은 상대방을 존중하는 마음입니다. 그 진심이 전달된다면 자그마한 높임말 실수는 귀엽게 넘겨줄 테니 너무 걱정하지 마세요. 정준하가 광희를 귀엽게 봐줬듯이 말이에요.

원칙 정리

- 듣는 사람과 말하는 사람의 관계 또는 상황에 따라 문장을 끝맺는 방법이 달라진다.
- 동작이나 상태의 주체를 높이려 할 때 서술어에 '-시-'를 넣는다.
- 한 문장에 높임 표현이 여러 번 나올 때는 마지막에만 '-시-'를 넣어도 충분하다.

연습 문제

- 이 논문은 제가 존경하시는 선배님이 쓰셨어요.

  →

- 신선 식품 택배가 금일 오전 도착하실 예정이니 냉장 보관 부탁드립니다.

  →

- 할머니는 하루도 거르시지 않고 목욕탕에 가시는 깔끔하신 분이시다.

  →

정답 이 논문은 제가 존경하는 선배님이 쓰셨어요. | 신선 식품 택배가 금일 오전 도착할 예정이니 냉장 보관 부탁드립니다. | 할머니는 하루도 거르지 않고 목욕탕에 가는 깔끔한 분이시다.

그녀가 책의 마지막 페이지를 넘겼다

✗	◯
식탁 위가 어수선했다.	통통 불은 라면이 담긴 냄비와 뚜껑을 덮지 않은 김치통이 식탁 위에 아무렇게나 놓여 있다.
은재는 책을 열심히 읽었다.	은재는 볼펜 끝을 잘근잘근 씹으며 책에 무언가를 썼다가 지우기를 반복했다.
책을 다 읽은 은재는 성취감을 느꼈다.	은재가 기지개를 켰다. "끝이다, 끝!"

앞에서 잠시 말씀드렸지요. 제가 간호사로 일했던 적이 있다고 말입니다. 지금도 그러는지 모르겠으나 당시에는 근무 중에 휴대폰을 사용할 수 없었답니다. 그럼에도 크게 불편하지는 않았습니다. 환자를 보기에 바빠 어차피 휴대폰을 볼 시간

이 없었거든요. 하지만 이따금 한가한 날에는 죽을 맛이었습니다. 선배 간호사는 대놓고 인터넷 서핑을 했지만, 막내인 저는 눈치가 보여 그럴 수 없었거든요. 그리하여 무언가를 공부하는 척, 글자가 가득한 화면을 모니터에 띄워놓고서는 아무도 몰래 드라마 대본을 읽었답니다.

소설이나 에세이를 두고 굳이 대본을 읽은 이유는 드라마 장면이 선하게 그려졌기 때문입니다. 나는 분명 까만 글자를 읽고 있건만, 배우들의 목소리가 귓가에서 들려왔고 그들의 몸짓도 상상할 수 있었지요. 대본 읽기가 너무나 재미있는 나머지 드라마 작가가 되기를 꿈꾸기도 했었는데요. 그 당시 잠시 잠깐 갈고닦은 실력으로 이 책을 읽고 계실 여러분의 모습을 상상하며 드라마의 한 장면을 써보았답니다.

S#45. 은재의 집, 주방 (늦은 밤)

식탁 위로 형광등 불빛이 핀 조명처럼 떨어진다. 퉁퉁 불은 라면이 담긴 냄비와 뚜껑을 덮지 않은 김치통이 식탁 위에 아무렇게나 놓여 있다. 은재, 그런 식탁에 앉아 책의 마지막 장을 읽고 있다. 볼펜 끝을 잘근잘근 씹으며 책에 무언가를 썼다가 지우기를 반복하던 은재, 숨을 한 번 크게 들이켜고

내쉬더니만,

은재 : (기지개를 켜며) 끝이다, 끝!

은재가 책에서 손을 떼는 바람에 책장이 저절로 덮인다. 책등에 쓰인 제목 '이상한 문장 그만 쓰는 법' 클로즈업. 거실 한구석에서 자던 강아지가 은재의 목소리에 눈을 슬며시 뜬다. 강아지에게 종종걸음으로 다가간 은재, 강아지를 안아 올리고는 덩실덩실 춤을 춘다. 은재의 품에 안긴 강아지, 눈을 반쯤 감고서 꼬리를 살랑살랑 흔든다.

대본에는 인물의 동작, 표정, 심리, 말투 따위를 지시하거나 서술하는 '지문'이 있습니다. 이러한 지문 덕에 소설이나 에세이에 비해 생생한 느낌이 들지요. 아주 오랜 시간이 흐른 후에 알았습니다. 드라마 대본은 '말하기'가 아닌 '보여주기' 기법으로 쓰인다는 사실을 말입니다. '말하기'는 상황이나 감정을 직접적으로 설명하는 방식을 뜻합니다. 독자에게 상상할 여지를 주지 않고 작가가 단정 지어 버리는 것이지요.

- 식탁 위가 어수선했다.

- 은재는 책을 열심히 읽었다.
- 책을 다 읽은 은재는 성취감을 느꼈다.

반면 '보여주기'는 상황이나 감정을 간접적으로 설명하는 방식을 뜻합니다. 직접적인 단어를 사용하는 대신 장면을 세세하게 묘사하지요. 이러한 묘사를 읽은 독자는 상황을 스스로 해석하고 이해할 수 있답니다. '관찰자'가 아닌 '체험자'가 된다고 생각해 보세요. 독서가 한결 흥미롭겠지요?

→ 퉁퉁 불은 라면이 담긴 냄비와 뚜껑을 덮지 않은 김치통이 식탁 위에 아무렇게나 놓여 있다.

→ 은재는 볼펜 끝을 잘근잘근 씹으며 책에 무언가를 썼다가

지우기를 반복했다.

→ 은재가 기지개를 켰다. "끝이다, 끝!"

'보여주기'가 '말하기'에 비해 공을 많이 들여야 하는 방식인 것은 사실입니다. 평소라면 '그는 짜증이 났다'라고 썼을 문장을 '그는 넥타이를 풀어 헤치며 미간을 찌푸렸다' 하는 식으로 세세하게 고쳐 써야 하니까요. 하지만 너무 어렵게 생각하지 마세요. 드라마 작가처럼 글을 쓴다면 보여주는 건 그리 어렵지 않거든요. "저는 드라마 작가가 아닌데요"라고 말씀하시지 마세요. 지금껏 '인생'이라는 드라마를 써온 여러분이 드라마 작가가 아니라면 도대체 누가 드라마 작가란 말입니까.

원칙 정리

- '말하기'는 상황이나 감정을 직접적으로 설명해 독자에게 상상할 여지를 주지 않는다.
- '보여주기'는 상황이나 감정을 간접적으로 설명해 독자 스스로 해석하고 이해할 수 있다.

연습 문제

- 그는 배가 고팠다.

    →

- 할머니는 외로워 보였다.

    →

- 그녀는 무척 긴장했다.

    →

제안 그의 눈길이 식당 간판을 향했다. | 식탁에 홀로 앉은 할머니가 찬밥에 물을 말았다. | 그녀는 깍지 낀 손을 연신 조몰락거리며 입술을 깨물었다.

이상한 문장 그만 쓰는 법

초판 1쇄 발행 2025년 11월 10일
초판 7쇄 발행 2025년 12월 10일

지은이 이주윤
펴낸이 이경희

펴낸곳 빅피시
출판등록 2021년 4월 6일 제2021-000115호
주소 서울시 마포구 월드컵북로 402, KGIT 19층 1906호

ⓒ 이주윤, 2025
ISBN 979-11-994917-3-1 03700

- 인쇄·제작 및 유통상의 파본 도서는 구입하신 서점에서 바꿔드립니다.
- 이 책의 전부 또는 일부 내용을 재사용하려면 반드시 사전에 저작권자와 빅피시의 서면 동의를 받아야 합니다.
- 빅피시는 여러분의 소중한 원고를 기다립니다. bigfish@thebigfish.kr